ケアプラン点検お助けガイド

適切な書き方・見直し方

刊行にあたり

　拙著『ケアプラン点検お助けガイド』をお手にしていただき，厚く御礼申し上げます。

　本書は，「ケアプラン点検について，現場のケアマネさんたちが苦労されているという話をよく聞きます」という声をきっかけに，どのように伝えればよいのかを考えることから始まりました。今からもう3年近く前のことでした。

　その後，日総研出版主催で「事例でみる居宅サービス計画の『課題』『目標』『サービス内容』の記載方法」というセミナーを行うこととなりました。セミナーの中では，ケアプラン点検に対応する計画書の記載について，情報収集と分析，課題整理の展開などを伝えています。本書はその内容を中心としながら，セミナーでは十分に伝えきれなかった部分を追加して，まとめ直したものです。

　本書は，居宅サービス計画に限定しています。つまり，居宅介護支援事業所の介護支援専門員を対象にしています。しかし，居宅介護支援事業所の"介護支援専門員だけ"しか使えないものではないと考えています。

　特に地域包括支援センターで，介護予防支援計画や介護予防ケアマネジメント計画を作成している人，介護予防支援計画等の作成の委託を受けている居宅介護支援事業所の介護支援専門員はもちろん，ケアプラン点検を実施し，介護支援専門員に対してスーパービジョンを提供する立場にある人にとっても，「居宅サービス計画の標準」となる姿として活用できるものと考えています。

　これまで実施してきたセミナーの受講者の感想にも，「今まで何をすることがよいのか分からないまま仕事をしてきたが，セミナーを受講することで，自分がすべきことが具体的にイメージでき，何をすればよいのか，そのために何を必要としているのかが理解できた」という感想をいただいています。

　本書は，「ケアマネジメントとはどう展開するのか」「アセスメントとは何をすることなのか」「どういうふうに利用者とかかわることで，何をすればよいのか」を示すことを目的としています。だから，介護予防であっても問題なく対応することができ，ケアプラン点検の際の，点検者と介護支援専門員との「共通の価値・共通の土台」を示すことができたのではないかと考えています。

　本書を活用して，介護支援専門員の皆様が，より効果的なケアプラン点検を受け，利用者にとって効果的なケアマネジメントが展開されることができれば，筆者としてもこれに勝る喜びはありません。

　　2019年9月吉日

　　　　　　　　　　　　　　　　　　　　　　　　　　　　　　　　中村雅彦

CONTENTS

第1章　ケアプラン点検とは何か

1．ケアプラン点検の歴史 …………………………………………………… 8
　1）「無駄な介護給付費の削減」が目的 ………………………………… 8
　2）ケアプラン点検の基準の変化 ………………………………………… 8

2．ケアプラン点検の実際 …………………………………………………… 9
　1）ケアプラン点検の目的 ………………………………………………… 9
　2）ケアプラン点検に必要な書類 ………………………………………… 9
　3）点検されるケアプラン ………………………………………………… 9
　4）ケアプラン点検のスケジュール（例）……………………………… 10
　5）ケアプラン点検でのやり取り ……………………………………… 10
　6）ケアプラン点検で介護支援専門員に求められる姿勢 …………… 12
　7）ケアプラン点検の際に求められる説明責任 ……………………… 13

第2章　ケアプラン点検の「基準」

法令遵守という点検基準 ……………………………………………………… 16

ケアプラン点検の自立支援という基準 …………………………………… 22

1．用語の定義，概念の整理 ………………………………………………… 22
　1）目的・目標・問題・課題・手段 …………………………………… 22
　2）している活動・できる活動・する活動の関係性 ………………… 23

2．自立支援のために理解しておくべき理論 ……………………………… 26
　1）目標志向型ケアマネジメント ……………………………………… 26
　2）ニーズとデマンドの違い …………………………………………… 26
　3）自立支援のためのチームケア ……………………………………… 28

3. 自立支援とは何をすればよいのか ……………………………… 32
1）2つの「じりつ」 …………………………………………………… 32
2）人格的自立支援（自律）と手段的自立支援（自立）の関係性 ……… 33
3）支援の方向性 ………………………………………………………… 34
4）改善への支援 ………………………………………………………… 35
5）維持への支援 ………………………………………………………… 37
6）支援の方向性と計画書作成の留意点 ……………………………… 38

4. 自立支援のためのアセスメント ……………………………… 41
1）アセスメント ………………………………………………………… 41
2）アセスメントにおける留意点 ……………………………………… 41

5. 自立支援のためのアセスメント内容と居宅サービス計画書作成手順 ……………………………… 44
1）「改善する方向」のアセスメントと居宅サービス計画原案作成手順 …… 44
2）「維持する方向」のアセスメントと居宅サービス計画原案作成手順 …… 46

第3章　ケアプラン点検の実際

1. 居宅サービス計画書の記載要領と記載内容 ……………………………… 50
1）老企第29号通知の解釈 ……………………………………………… 50

2. 不適切な居宅サービス計画書の例とその修正 ……………………………… 54
居宅サービス計画書（1）（第1表）……………………………………… 57
居宅サービス計画書（2）（第2表）……………………………………… 60
週間サービス計画表（第3表）…………………………………………… 71

Q&A

ケアプラン点検における質問と回答例 ······ 80

居宅サービス計画書の作成に関する疑問 ······ 82

〈ケアプラン自己点検チェックシート〉 ······ 90

コラム

点検者がスーパービジョンを理解していない？ ······ 8
自分なりのやり方に固執するベテランケアマネ ······ 8
ケアプラン点検で何も教えてくれないという声 ······ 13
サービス優先型ケアマネジメント ······ 14
社会資源を知る ······ 19
医療機関と自宅でのアセスメントの違い ······ 21
できると思ったが意外に難しい ······ 48

ケアプラン点検こぼれ話

上の絶対的な指示でケアマネジメントを行う ······ 79
批判を避ける点検者もいる ······ 79
被点検者の考える力が低下する ······ 79
ケアプラン点検の基本は自身で課題に気づくこと ······ 79

第1章
ケアプラン点検とは何か

1. ケアプラン点検の歴史

1）「無駄な介護給付費の削減」が目的

　ケアプラン点検は，2003年度から始まる第2期介護保険事業計画期間にスタートしました。この時期にスタートした理由は，第1期介護保険事業計画の介護保険事業の経費が予算を大幅に超え，給付内容の適正化を図ることが急務となったからです。そのため，この時期のケアプラン点検は「報酬算定要件に違反しているケース」「必要性の乏しいサービスが導入されているケース」がスクリーニングされ，報酬算定要件に沿った支援，不要な支援の削減を図ることを点検の目的としていました。

2）ケアプラン点検の基準の変化

　2006年度から始まる第3期介護保険事業計画期間になると，全市町村（保険者）でケアプラン点検を100％実施することが求められるようになりました。それと共に，ケアプラン点検の目的が「利用者の自立支援を実現すること」に変化しました。そのため，2008年7月に厚生労働省は「ケアプラン点検支援マニュアル」を作成し，同年7月18日に活用に対する通知が発出されました（**図**）。そこからケアプラン点検の「目的」が大きく変化しました。(注1・注2)

注1　厚生労働省老健局振興課：介護保険最新情報「ケアプラン点検支援マニュアル」の送付について，Vol.38，平成20年7月18日
注2　厚生労働省老健局：ケアプラン点検支援マニュアル，平成20年7月18日

コラム　点検者がスーパービジョンを理解していない？

　ケアプラン点検は，スーパービジョンの手法を取り入れて行われます。しかし，スーパービジョンについてしっかり学習している点検者はほとんどいませんでした。そのためスーパービジョンに不慣れ，未経験の点検者がケアプラン点検を行わざるを得ない状況になってしまいました。実はこれが，厚生労働省の求めていたケアプラン点検の効果を得ることができない最大の原因となってしまったと言えます。

自分なりのやり方に固執するベテランケアマネ

　2012年度以降，ケアプラン点検の基準が定着し，この時期から実務研修や更新研修が利用者の自立支援に重きを置いたものになっていきました。
　しかしながら，ベテランの介護支援専門員ほどいつまでも自分なりのやり方（最初に学習した方法論）に固執するため，事業所内で新旧のケアマネジメントが混在するようになり，新人が管理者から「そのやり方は違う」という不適切な指導を受けていることがありました。ケアプラン点検に携わっていた際に，ベテランの行動をいかに修正していくかに重点を置いていたことを思い出します。

図：ケアプラン点検の目的の変化

ケアプラン点検スタート時 （2003年〜）	ケアプラン点検支援マニュアル公表 （2008年〜）
● 報酬算定要件に適しているか ● 必要性の乏しいサービスが入っていないか	● 利用者の自立支援の実現につながっているか ● ケアマネジメントの一連の流れを説明できるか

　これによりケアプラン点検は，アセスメントからモニタリング・再アセスメントまでの「すべての過程」が点検対象となりました。さらに，介護支援専門員の「頭の中」（判断した根拠，自身の価値観，専門技術）も対象とする点検へと変化してきたということになります。

2. ケアプラン点検の実際

1）ケアプラン点検の目的

　現在のケアプラン点検の目的は，次のとおりです。
・利用者の自立支援に資するケアマネジメントが提供されているか
・効果的・効率的・一体的に提供されているか
・法令を遵守して「結果を出せる」内容になっているか

2）ケアプラン点検に必要な書類

　ケアプラン点検の際に確認される書類は，次のとおりです。
①アセスメントシート　　　　　　　②居宅サービス計画書（第1表，第2表）
③週間サービス計画表（第3表）　　④サービス担当者会議の要点（第4表）
⑤居宅介護支援経過記録（第5表）

　このうち①②③は必須書類です。④と⑤は点検内容によって必要となることがあります。すぐに確認できるように準備しておくことが大切です。

3）点検されるケアプラン

　筆者が2018年度にケアプラン点検を受けた時には，次の事例を準備するように指示がありました。

①区分支給限度基準額を超えているケース
②支援の展開が円滑に進まないケース（いわゆる困難ケースを含む）
③認定の有効期間の半数を超えて，短期入所サービスを必要としているケース
④サービスの提案を拒絶して，なかなか必要な支援が展開できないケース

　また，保険者によっては利用者や事業所から苦情が寄せられたケースや，国保連の縦覧点検でいつもチェックが入るようなケースも点検の対象になります。

4）ケアプラン点検のスケジュール（例）

予定点検時間　13：30～16：00

点検者　保険者・地域包括支援センターの主任介護支援専門員・居宅介護支援事業
　　　　　所所属の主任介護支援専門員（ケアプラン点検のための研修受講修了者）
　　　　　各1人の「3人体制」

タイムスケジュール

13：30　　　　　　　開始にあたって保険者からのあいさつ
13：30～14：00　　事例読み取り
14：00～14：30　　①事例目　点検・指導・まとめ
14：30～15：00　　②事例目
15：00～15：30　　③事例目
15：30～16：00　　点検全体のまとめ，総評

　ちなみに筆者の属する居宅介護支援事業所は，介護支援専門員が3人います。1人当たり3ケースの点検を受けました。実際の点検は保険者ごとに違いがあると思いますので，詳細は点検を受けた近隣の事業所に状況を確認してみてください（表）。

5）ケアプラン点検でのやり取り

　ケアプラン点検に関するやり取りは，次のとおりです。

居宅サービス計画書（第1表）

「利用者の生活に対する意向」

⇒意向を設定した根拠を教えてください。
⇒アセスメント結果のどこに根拠を見いだしましたか？
⇒利用者の生活の意向が達成された時，どのような活動が，どのように実行されていればよいのかを教えてください。

「家族の生活に対する意向」

⇒家族は，利用者の生活に対する意向をどのように評価していますか？　賛成していますか，それとも反対していますか？

表：ケアプラン点検の概要

目的	利用者の自立支援に資するケアマネジメントになっているか 効果的・効率的・一体的に提供されているか
必要書類	アセスメントシート 居宅サービス計画書（第1表，第2表），週間サービス計画表（第3表） ※必要に応じて，サービス担当者会議の要点（第4表），居宅介護支援経過記録（第5表）
対象となるプラン	①区分支給限度基準額を超えているケース ②支援の展開が円滑に進まないケース（いわゆる困難ケースを含む） ③認定の有効期間の半数を超えて，短期入所サービスを必要としているケース ④サービスの提案を拒絶して，なかなか必要な支援が展開できないケース ※保険者によっては下記のケースも対象となる ・利用者や事業所からの苦情が寄せられたケース ・国保連の縦覧点検でいつもチェックが入るようなケース
点検者	保険者 地域包括支援センターの主任介護支援専門員 居宅介護支援事業所所属の主任介護支援専門員

「総合的な援助方針」

⇒総合的な援助方針が計画全体を要約した内容になっていませんが，計画全体が「改善する」「維持する」のどちらの方向で進めようとしていますか？

居宅サービス計画書（第2表）

「生活全般の解決すべき課題」

⇒どのような状況が問題となっていましたか？
⇒課題解決のためにどのような方法を提案しましたか？
⇒課題解決のために利用者自身が取り組むことは何ですか？

「長期目標」

⇒長期目標が達成できた時，次に設定する長期目標はどのようなものですか？
⇒長期目標が達成された時，実際にどのような活動をしている姿を考えていますか？

「長期目標期間」

⇒長期目標の期間設定の根拠を教えてください。

「短期目標」

⇒短期目標が達成された時，実際にどのような活動をしている姿を考えていますか？

「短期目標期間」

⇒短期目標の期間設定の根拠を教えてください。

「サービス内容」
⇒短期目標の達成のために，計画に位置づけたサービス種別の専門性や専門的機能を，どのように活用しようと考えましたか？
⇒チームケアをどのように展開しようと工夫しましたか？
⇒利用者がすることは何ですか？
⇒家族がすることは何ですか？
⇒利用者や家族が行うことを高めるために，どのような支援を提供しようとしていますか？

「事業所」
⇒事業所の選択根拠を教えてください。
⇒介護支援専門員が事業所を推薦した場合，どのような特性に着目したのですか？

「頻度・期間」
⇒頻度設定の根拠を教えてください。

週間サービス計画表（第3表）
⇒利用者のサービス利用前の週間スケジュールはどうなっていましたか？
⇒支援のスケジュールを設定する際，利用者のスケジュールを保つためにどのような工夫をしましたか？

　これらすべての質問がされるわけではありませんが，このような点について質問（確認）されています。しかし，これらの質問は，介護支援専門員が居宅サービス計画書を作成する過程において，常に確認，検証しながら進めているものです。答えは簡単に導き出せるでしょう。

6）ケアプラン点検で介護支援専門員に求められる姿勢

　ケアプラン点検では，点検者がケアマネジメント過程を確認し，どのような視点でそれを進めているかを知るところから始まります。点検者は，「状況確認」のために，「利用者はどう考えていたか？」「ご家族はどうしたいと言われていたか？」という質問をします。さらに介護支援専門員が考えていたこと，実行したことに対し，気づいたこと，抱えている課題の解決，自立のためのよりよい支援について，「この段階で，この点について触れられていないが，なぜ触れなかったのか？」「この情報があれば支援はどう変化したと推測できるか？」という質問をします。

　点検者は，「ここが足りない」「ここは間違っている」という指摘はしません。「ここで，こういう視点で情報を集め，かかわり方を変更することで，支援がどう変化するだろうか」ということを，介護支援専門員が考えられるように誘導します。

介護支援専門員は，点検者とのやり取りを通して，「その時自分は何を考えていたのか」「何を求めていたのか」ということを振り返ることになります。それにより，「ここに目を向けてみるとどう変わるだろう」「この視点で分析してみると展開がどう変わるだろう」と考えることになります。つまり，介護支援専門員には，点検者の質問の意図を考える姿勢が求められます。

ケアプラン点検は，スーパービジョンの技法を用いて行われます。介護支援専門員は，「答えを提供される」と思わないことが大切です。

> **コラム　ケアプラン点検で何も教えてくれないという声**
>
> ケアプラン点検を受けた介護支援専門員から，「何も教えてくれない」「報酬算定等に特化したケアマネいじめだ」というような反応を聞くことがあります。点検者は答えを提供しません。介護支援専門員自らが気づきを得られるようにかかわります。つまり，「与えられる」のではなく「自ら手に入れる」ものです。したがって，「こうしなさい」あるいは「こうした方がよいですよ」と言われることでもありません。

7）ケアプラン点検の際に求められる説明責任
（1）介護支援専門員に求められる説明責任

居宅サービス計画書を作成する介護支援専門員は，ケアマネジメントの根拠や必要性を最も理解しています。したがって介護支援専門員は，経験則に基づいた説明ではなく，判断の根拠となった情報，採用した価値観，根拠とした理論などについて，第三者に論理的・科学的に説明し，了解を得られなければなりません。

例えばケアプラン点検では，次のようなやり取りを行います。

点検者：「利用者の生活の意向について，このような内容が適切であると判断した根拠は何ですか？」

介護支援専門員：「利用者とのコミュニケーションの中で，利用者は自分が満足することができる暮らし方について○○と答えました。それについて具体的な状況を利用者と協議した結果，○○の活動を手に入れることを目標とすることで合意されたので，これを実施することとしました」

利用者の生活の意向を確定していく過程は，当事者以外に説明できる人はいません。さらに意向を明確にし，確定していく過程において，何となくそうしたというようにあいまいに決定していることはあり得ません。**介護支援専門員は，自分自身が行った意図的なかかわりとその結果について，点検者と共有できるような説明が求められます。**

（2）説明責任を果たす上でやってはいけないこと

・利用者・家族の意向をそのまま受け入れる

　利用者・家族の意向をそのまま受け入れることは，介護支援専門員の専門性と専門技術のすべてを否定する対応です。言い換えれば「言いなり」「御用聞き」のようなものです。

　介護支援専門員は通常，判断の根拠となった情報，それを基に展開されたコミュニケーション，その結果などについて意図的にそれらを引き出すようにかかわりを持ち，その過程を強く認識してケアマネジメントを行っているはずです。

　ケアプラン点検では，それを遅延再生（覚えた事柄を一定時間経過後に思い出すこと）することとなります。

・利用者や家族の合意なく進める

　利用者や家族が，「このような支援を依頼したい」と合理的かつ具体的な要求を示すことは，レアケースと言えるでしょう。介護支援専門員「だけ」の判断で居宅サービス計画書の作成を行うと「サービス優先アプローチ」になってしまうため，避けなければいけません。

　また，それだけでなく，利用者，家族が介護支援専門員の提案を受け入れることができなかった場合，提案を受け入れない利用者や家族を「困った人（たち）」と評価する傾向が高まることになります。結果として，その支援は介護支援専門員による「押しつけ」になり，それを拒んだことで「（作られた）困難ケース」となってしまう傾向が高まるからです。

> **コラム　サービス優先型ケアマネジメント**
>
> 　利用者が望むサービスを中心に据えたマネジメントのことを言います。このタイプでは，「利用者が使いたいと言った」「自分がこうあった方がよいと思った」ということが根拠となります。そのため，「何のためにサービスが必要か」という目的や目標は不明瞭です。また，投入しようとしたサービス（種別）以外の可能性を全く考慮していないという問題点があります。
>
> 　このようなケアマネジメントは，居宅サービス計画書第2表の「提供者」から作成することになります。この場合，「種別」「サービス内容」「短期目標」といった順に居宅サービス計画書の右側から作成されるため，記載内容に連続性や整合性がない，矛盾だらけの計画になっていることが少なくありません。
>
> 　また，想定していた事業所からサービスを受けることが目的・目標化されているので，利用者の自立支援にたどり着くことは絶対にありません。ケアプラン点検が始まった当初は，サービス内容として「デイサービスに行く」という計画が少なくありませんでしたが，まさにサービス優先アプローチそのものと言えます。

第2章
ケアプラン点検の「基準」

法令遵守という点検基準

　ケアプラン点検では,「指定居宅介護支援等の事業の人員及び運営に関する基準」(平成11年厚生省令第38号)(以下,運営基準)の第13条第3号〜7号,それに準じる「指定居宅介護支援等の事業の人員及び運営に関する基準」(平成11年老企第22号)(以下,解釈通知),「介護サービス計画書の様式及び課題分析標準項目の提示について(平成11年11月12日)老企第29号」(以下,老企第29号)が極めて重要となります。ここでは運営基準と解釈通知について解説します(※老企第29号通知の解釈はP.50で解説します)。

居宅介護支援に関連する法令通知の関係性

- 法律：介護保険法
- 政令：介護保険法施行令
- 省令：介護保険施行規則　運営基準(平成11年省令第38号)
- 告示：算定基準(平成12年告示第20号)
- 通知：解釈通知(平成11年老企第22号)　算定基準の留意事項通知(平成12年老企第36号)
- 事務連絡&介護保険最新情報,Q&Aなど

※算定基準：指定居宅介護支援に要する費用の額の算定に関する基準(平成12年厚生省告示第20号)
※算定基準の留意事項：指定居宅サービスに要する費用の額の算定に関する基準及び指定居宅介護支援に要する費用の額の算定に関する基準の制定に伴う実施上の留意点について(平成12年老企第36号)

居宅介護サービス計画作成における重要項目

運営基準第13条第3号〜7号とそれに関連する解釈通知	●継続的かつ計画的に ●支援投入の順番を整理 ●介護支援専門員による説明責任 ●問題を明らかにし課題を設定する ●利用者・家族と面談する
老企第29号	●課題分析の標準項目 ●居宅サービス計画書の様式及び記載要領

□運営基準第13条第3号
「三　介護支援専門員は，居宅サービス計画の作成に当たっては，利用者の自立した日常生活の支援を効果的に行うため，利用者の心身又は家族の状況等に応じ，継続的かつ計画的に指定居宅サービス等の利用が行われるようにしなければならない」

この条文のポイントは，「継続的かつ計画的にサービスの利用をする」ことです。

　解釈通知では，「支給限度額の枠があることのみをもって，特定の時期に偏って継続が困難な，また必要性に乏しい居宅サービスの利用を助長するようなことがあってはならない」とされています。このルールに厳密に従えば，退院して間もない特定した時期に，「退院後の生活に合わせた適切な支援」は提供できないことになります。

　しかし実際は，特定の時期に必要不可欠な支援は提供されています。重要なポイントは「支援の必要性」です。介護支援専門員は，家族の介護力，介護経験，在宅介護に対する具体的な不安（単に「介護に対する不安がある」では意味がありません。具体的な不安の内容を明らかにすると共に，なぜそれが不安になるのかについての情報が不可欠となります），不安を軽減できる方策などについて適切に説明することが求められます。

□運営基準第13条第4号
「四 介護支援専門員は，居宅サービス計画の作成に当たっては，利用者の日常生活全般を支援する観点から，介護給付等対象サービス（法第二十四条第二項に規定する介護給付等対象サービスをいう。以下同じ。）以外の保健医療サービス又は福祉サービス，当該地域の住民による自発的な活動によるサービス等の利用も含めて居宅サービス計画上に位置付けるよう努めなければならない」

　この条文のポイントは，「支援投入の順番を理解しなさい」ということになります。支援の「入り口」は利用者自身による「セルフケア」です。セルフケアの提供能力の拡大，強化のために必要な支援を提供することから始まります。

支援の入り口と支援の方向性

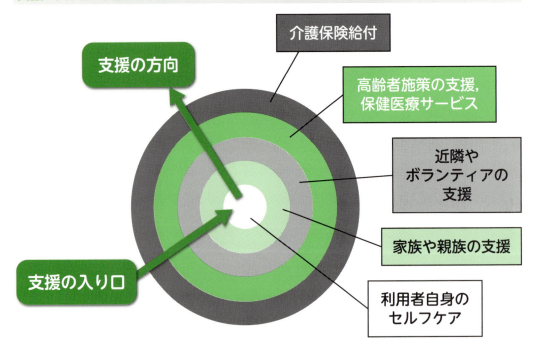

　利用者自身のセルフケアで充足できないニーズに対しては，家族や親族といった支援を提供していきます。それでも不足するニーズに対しては，近隣の人々やボランティアによる支援を投入します。さらに不足する場合は，市町村等の高齢者施策の支援などの投入を検討します。それでもなお充足されないニーズに対しては，最終手段として介護保険給付を投入します。
　このように運営基準第13条第4号は，支援の提供の順番に関するルールを示しています。単に計画上にインフォーマルサポートを位置づければよい，ということではないことに注意が必要です。

□運営基準第13条第5号

「五 介護支援専門員は，居宅サービス計画の作成の開始に当たっては，利用者によるサービスの選択に資するよう，当該地域における指定居宅サービス事業者等に関するサービスの内容，利用料等の情報を適正に利用者又はその家族に対して提供するものとする」

この条文のポイントは，「介護支援専門員は説明責任を果たせ」ということです。

サービスの選択権，事業所の決定権は「利用者」にあります。そのため，介護支援専門員には以下のことが求められます。

介護支援専門員に求められる説明

◎利用者が選択して自己決定するために必要な十分な情報を提供する
◎利用者が理解できるように伝える

さらに，2018年の介護保険制度改正により，この説明をした上で利用者が選択をしているのかについて，記録に残すことが義務づけられました。

コラム　社会資源を知る

　あなたの地域には，リハビリの資源は潤沢に存在しています。今後，今以上にリハビリのニーズが高まっていった時，そのニーズを充足することが可能でしょうか。

　筆者の地元（長野県北アルプス広域連合〈1市1町3村〉）は，圏域の人口が約6万人，高齢化率が34.2％という状況です。その中で介護老人保健施設4カ所，訪問リハビリテーション事業所5カ所「しか」ありません。訪問リハビリテーションの専門職は実人員で27人，常勤換算値で14.5（いずれも「長野県福祉・介護べんり帳（介護サービス情報システム）」より）です。これだけの人数でリハビリニーズのすべてを賄っていこうとした時，「してもらうリハビリ」を続けていけばリハビリニーズを充足することは不可能です。少しの資源を多くの利用者に分配するためには，必要性に応じた傾斜分配をすると共に，役割を考えていかなければリハビリニーズの充足は不可能になります。

□運営基準第13条第6号
「六　介護支援専門員は，居宅サービス計画の作成に当たっては，適切な方法により，利用者について，その有する能力，既に提供を受けている指定居宅サービス等のその置かれている環境等の評価を通じて利用者が現に抱える問題点を明らかにし，利用者が自立した日常生活を営むことができるように支援する上で解決すべき課題を把握しなければならない」

この条文のポイントは，「問題と解決すべき課題は別のものである」ということです。

問題と課題は別のものである

問題点を明らかにして，それを解決するための課題を把握する

このルールについて，解釈通知では「課題分析標準項目を充たしているアセスメントツールを活用していること」となっています。実はそれだけではなく，もっと重要な意味が込められています。それは「問題と解決すべき課題は別のものである」ということです。

居宅サービス計画書第1表の「解決すべき生活課題」は課題を記入するところであって，問題となっている状況，それを言い換えただけの内容を記載するところではないということです。そのため，「課題と問題」の違いを理解しておかなければなりません。さらに問題を明らかにし，課題を抽出するための方法論を習得しておく必要があります。

この点については，「1．用語の定義，概念の整理」（P.22）で詳しく解説します。

□**運営基準第13条第7号**

「七　介護支援専門員は，前号に規定する解決すべき課題の把握（以下「アセスメント」という。）に当たっては，利用者の居宅を訪問し，利用者及びその家族に面接して行わなければなりません。この場合において，介護支援専門員は，面接の趣旨を利用者及びその家族に対して十分に説明し，理解を得なければならない」

この条文のポイントは，「利用者の居宅を訪問し，利用者およびその家族と面談する」ことです。

原則としてアセスメントは，利用者の居宅で，利用者および家族に面接をして行わなければならないというものです。しかし，利用者が重度の認知症を患っている場合などコミュニケーションがとりづらい場合，家族とだけ面接をしてアセスメントをしているというケースもあると聞きます。ACP（アドバンス・ケア・プランニング：人生会議）にも求められているように，直接的な当事者である利用者との面接抜きにしては，適切なアセスメントを展開することは不可能であることを理解しておく必要があります。

コラム　医療機関と自宅でのアセスメントの違い

利用者が入院中で，退院に際して医療機関でアセスメントを実施し，退院直後から支援を開始する必要があるケースの場合，「利用者の居宅でアセスメントすること」はできません。このような時どうしたらよいか，ということを質問されます。

筆者は次のように考えます。
- 医療機関でのアセスメントは暫定的なアセスメントである
- 暫定的なアセスメントに基づいて作成した計画は暫定計画である
- 自宅退院後に改めてアセスメントを行い，暫定計画の修正を図る

特に新規利用者の場合，退院時に要介護認定が確定していることは稀であり，必然的に暫定の支援となることが多いので，退院後，要介護認定確定時に改めて下記の手順で確認します。さらに，既存の利用者が入院した時も，下記のように考えます。

①原則として退院前にアセスメントを実施して，居宅サービス計画原案を作成する
②退院カンファレンス兼サービス担当者会議を開催する
③自宅退院後に支援を開始する
④退院後数日以内をめどに自宅訪問して改めてアセスメントを実施し，暫定計画のまま支援を提供してもよいかを確認する。そのままでよいとサービス提供者が判断すればそのまま継続し，修正が必要であれば，改めて修正をして担当者会議を招集する

確かに手間はかかりますが，必要な支援が提供されることが重要です。

ケアプラン点検の自立支援という基準

1. 用語の定義，概念の整理

　ケアプラン点検において，ケアマネジメントの質を示す客観的な基準は存在しません。また，用語の定義や概念が共通認識されていない場合があります。そのような状態では，自立支援の議論，ケアマネジメントを実践することはできません。まずは，用語の定義や概念を共有することが重要となります。

1）目的・目標・問題・課題・手段

目的…一言で言えば「何のために」ということです。
目標…一言で言えば「目的が到達したことを確認する具体的な一つのポイント」ということです。
問題…目標とする状態と現状が乖離している状態を言います。
課題…目標と現状との「差」を解消するために，利用者が意思表示して取り組むことです。
手段…課題を達成し，目的や目標の到達のための方法です。

> 登山で例えると，次のようになります。

目的：日本で一番高い山に登りたい。
目標：日本で一番高い山は富士山だから，富士山の頂上に登る。
問題：富士山に登るだけの筋力，体力がない。
課題：富士山に登るだけの筋力を得るために，下肢の筋力強化を図る。
手段：下肢筋力強化のために自転車通勤する（徒歩通勤する）。ジムで下半身の筋トレを行う。

> 日常生活で解説すると，次のようになります。

　「日中1人で，トイレで排泄する（目標）ことで，家族に対する負い目を減らしたい（目的）。そのために，多点杖を使ってトイレまで往復歩けるようになりたい（手段を獲得する）」ということになります。

目的：家族に対する負い目を減らす（利用者が一番求めていることが目的となる）。
目標：トイレで排泄する（利用者の負い目は，排泄の介助をしてもらっていること。それが自分でできるようになることが目標となる）。
問題：現在の能力では，トイレに1人で行くことができない（目標とする状態と現

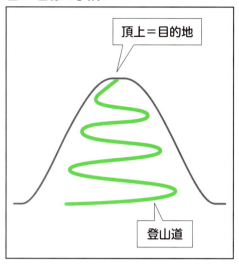

図1：目標と手段

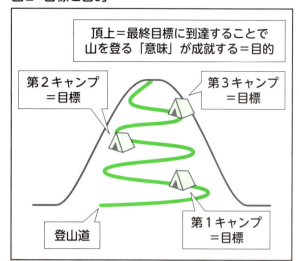

図2：目標と目的

状を比べて乖離していること）。

課題：1人でトイレまで行くことができる（重要なのは方法ではない）。

手段：多点杖を使ってトイレに行く（トイレまで1人で移動ができ，排泄ができるのであれば，その方法は何でもよいが，ここでは多点杖を使っての移動という手段を選んだ）。

ここで注意することは，「歩きたい」ということは目標ではないということです。あくまでも手段を手に入れるということでしかありません。「歩いて行きたいところがあり，その行きたいところに行けば手に入れたいと思っているものがある」これがニーズに結びついていく情報となります（**図1，2**）。

2）している活動・できる活動・する活動の関係性（図3）

している活動…実際に日常的に実施している活動

できる活動…特殊な状況，ある一定の条件の下で実施できる活動，可能性のある活動
　　　　　　⇒可能性という状況に手（支援）を加えることで，現在の「できる活動」は将来の「している活動」へとなっていきます。

する活動…「できる活動」を「している活動」へ進化させる目標とする活動のこと。
　　　　　　支援の展開過程でみれば，「する活動」は長期目標となります。

また，ほかの用語の定義，概念を**表1**に示します。

図3：している活動・できる活動

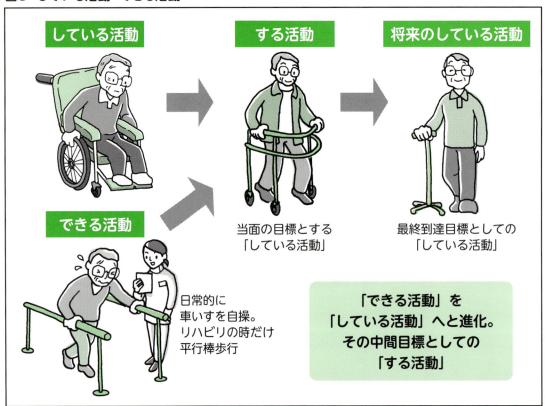

表1：用語の定義，概念

用語	定義・概念
目的	成し遂げようと目指す事柄。行為の目指すところ。意図している事柄。（広辞苑より）
目標	目印。目的を達成するために設けた，めあて。的。（広辞苑より） 具体的な活動状況として，判断できる状態として設定されるもの。
問題	研究・論議して解決すべき事柄。（広辞苑より） 目標とする状態と現状とが乖離している状態。差が生じている状態。
課題	目標と現状との「差」を解消するために，利用者自身が意思表示して取り組むもの。
手段	課題を達成し，目標の到達のために用いられる方法論。
ICF	国際生活機能分類。特に「ICFモデル図」によって示される「生活機能の全体構造」を指す。
生活機能	人が生きていくための機能全体を「生活機能」と言う。特に高齢期では，自立した生活を維持する能力は重要であり，世界保健機関（WHO）は1984年に生活機能の自立を高齢期の健康の指標とすることを提唱している。ICFモデル図の中では，「心身構造・身体機能，活動，参加」を生活機能の内容として分類している。
活動	ICFモデル図で用いられる「心身機能・身体構造」を活用した，日常生活でのさまざまな動作。

表1の続き

用語	定義・概念
参加	ICFモデル図で用いられる「人生として望ましい状態」。「生活の目標」「望む暮らし方」と同義。
している活動	ICFの概念で，活動に含まれる状況のうち，実際に日常的に実施している活動のこと。「している活動」を増やすことも自立支援の一つの方法と言われる。
できる活動	ICFの概念で，活動に含まれる状況のうち，特殊な状況，ある一定の条件の下などの中だけで実施できる活動のこと。可能性のある活動のこと。「できる活動」を「している活動」へと進化していくことも，自立支援の一つの方法と言われる。
する活動	ICFに基づく自立支援において，「できる活動」を「している活動」へと「進化」する過程の中で，当面目標とする活動のこと。ケアマネジメントの支援の中では，長期目標として設定される可能性のある活動のこと。
自立	手段的自立（他者からの介入を受けない）としての「自立」と，人格的自立（自分自身の望むことが尊重され，入手できる）としての「自律」の両方を包含した用語。
説明責任	他者に対して，相手が理解，納得できるように説明する責任を有すること。
自己決定	当事者が自分で選択し，自分で判断して決定していくこと。
アドバンス・ケア・プランニング	アドバンス・ケア・プランニング（Advance Care Planning：ACP）。今後の治療・療養について，患者・家族と医療従事者があらかじめ話し合う自発的なプロセス。愛称を「人生会議」と言う。
バーセルインデックス	バーセルインデックス（Barthel Index）。日常生活動作（ADL）を評価する方法の一つ。「食事，移乗，整容，トイレ動作，入浴，歩行，階段昇降，着替え，排便コントロール，排尿コントロール」の10項目を，それぞれ自立，部分介助など数段階の自立度で評価する。レベル分けの基準が項目ごとに具体的に設定されているため，理解しやすく簡単に使用でき，広く活用されている。自立度に応じて点数を設定しており，完全に自立している場合は100点になる。目安として，総合点数が40点以下ならほぼすべての項目に介助が必要，60点以下では起居移動動作を中心に，介助が必要だと推測することができる。バーセルインデックスの評価基準は，「できる活動」を評価することになる。
FIM	機能的自立度評価法（Functional Independence Measure：FIM）とは，1990年にアメリカ合衆国でGrangerらによって開発された日常生活動作（ADL）が，自力でどの程度可能かを評価する方法である。介護保険の中では，リハビリテーションの評価基準として，「している活動」を中心とした評価基準として用いられている。
life	「生命・生活・人生」と訳すことができる用語。lifeをどう訳して用いているのかを考えていくことが重要になってくる。
自己実現	利用者が満足することができる暮らし方が実現した状態。
共感	他人の意見や感情などに，その人と同じように感じること。
共有	1つのモノを2人以上が等しく理解し，共同で持つこと。共同主観化とも言う。

2. 自立支援のために理解しておくべき理論

1）目標志向型ケアマネジメント

○利用者を主体とする。
○利用者の求める目標を最初に設定する。
○目標到達に必要なケアをマネジメントしていく。

　利用者が感じる日常生活上の困りごとを入り口とし，利用者と話し合いながら解析します。介護支援専門員は，「どうして困っているのか」「何に困っているのか」を確認し，そこから「何を求めているのか」という「目的」にたどり着けるように面接します。目的を明確にし，目的を目標に変換します。ここから問題の分析，課題の設定を行います。この「生活支援の展開方法」を，「目標志向型ケアマネジメント」と言います。

〈目的の共有〉

⇒目的を目標へ変換する（目的のままでは具体性がないため）
　目的は「思い」であるので，そのままでは具体的な姿が見えてきません。目的が達成された時の活動状況が目標となります。将来のしている活動へと変換することで目的を「見える化」することができ，利用者と共有することができるようになります。

⇒目標達成に向けて利用者が主体的に取り込むことを共有
　目標達成のために有益な手段はたくさんあります。たくさんある手段の中から，利用者自ら選択し，決定したものを手段としていきます。

⇒「する活動」の共有
　する活動は当面の到達目標，いわば「長期目標」となります。具体的な活動状況を表現することで利用者，関係者も目標を共有でき，目標の評価が可能になります。

⇒「する活動」を実現するための方法を検討
　長期目標達成の条件＝短期目標になります。
　短期目標は複数設定されることが一般的です。

2）ニーズとデマンドの違い

　利用者が発した「こうなったらよいな」という言葉を「ニーズ」としてとらえてしまうことがありますが，それは「ニーズ」ではなく「デマンド」になります。
　ニーズは「なければ困ること」です。デマンドは「希望・望み」です。利用者から発せられる，「病気にならない」「状態を悪化したくない」という発言は，「ニーズ」

ではなく「デマンド」になります。これらの「要望・希望」は、誰しもが持ち得るものです。しかし、病気になって困ること、状態が悪化したら失ってしまうものは一人ひとり異なります。介護支援専門員は「病気になって困ること」「状態が悪化したら何を失ってしまうのか」を聞き取らなくてはなりません。

〈ニーズの種類（ブラットショーのニーズの分類）〉

・フェルト・ニード（感得されたニード）

　フェルト・ニードとは、利用者が感じているニードのことを言います。「お風呂に入りたい」「歩けるようになりたい」というものです。しかし、自分自身の真のニーズを客観的に認識、自己覚知ができている利用者はほとんどいません。そのため、それらは要望（デマンド・ウォント）である場合がほとんどです。介護支援専門員は、利用者が表出しているフェルト・ニードは真のニーズへの入り口であると考え、さらに情報を集めて分析していくことが求められます。

・エクスプレスト・ニード（表出されたニード）

　エクスプレスト・ニードとは、利用者が言葉にした要望（デマンド・ウォント）のことを言います。今何をしたいですかと質問し、「お風呂に入りたい」という回答があった場合、「お風呂に入りたい」というものがエクスプレスト・ニード（表出されたニード）となります。しかし、前述したように、多くの利用者はニーズを客観的に認識し、自己覚知することはできません。そのため、エクスプレスト・ニードは真のニーズにはなりません。真のニーズへの入り口であると考え、さらに情報を集めて分析していくことが求められます。

・ノーマティブ・ニード（規範的ニード）

　ノーマティブ・ニードとは、「規範的なニーズ」と訳すことができます。一般常識と照らし合わせて、教科書的と表現される「常識的な範囲のニーズ」という意味です。

　しかし、個人の価値観などを一般常識と比較することには大きな意味はありません。あくまでも個人の価値観などを優先していくことが必要となります。

　例えば、「歩けないよりも歩けた方がよいから、できるだけ自分で歩けるようになりたい」というもので、この時、「歩けないよりも歩ける方がよい」という基準が「規範的なもの」になります。この場合、本人は「行きたいところがあって、そこへたどり着くためには歩けなければいけない」と考えているわけではないということに目を向ける必要があります。

　つまり、規範的ニードのままではモチベーションが低く、ニード充足のための活

動が継続しづらいという特性があることに目を向けていく必要があります。

・コンパラティブ・ニード（比較ニード）
　簡単に説明すれば，「同じニードについて，場所や地域，環境が異なれば，異なったニードとして表面化してくる」という意味です。

　トイレまでの歩行（移動）が，まだしっかりと自立できていない状況を例に挙げます。施設や医療機関では，必要な時にすぐに介助してもらえます。そのため，ニードとしては薄いものになります。しかし，自宅では，必要な介助をすぐに受けることができません。施設や病院では，ニードとしては薄いものでしたが，自宅では重要なニードとなります。このようなニードをコンパラティブ・ニードと言います。

＊　＊　＊

　このようにニーズ（ニード）にはさまざまな種類があります。その多くは「ニーズのようなもの」「ニーズに似ているもの」で，「真のニーズ」ではないのです。だからこそ介護支援専門員は，これら「ニーズ（ニード）のようなもの」に惑わされることなく，「真のニーズ」を見つけ出すように努力していくことが求められています。

3）自立支援のためのチームケア
（1）チームとグループの違い
　複数の人間が属する集団を指す言葉として，「チーム」と「グループ」があります。共通していることは，必ず人が複数いるということです。しかし，人が複数いるからといって，「グループスポーツ」とは言いません。「チームスポーツ」と言います。ここに「チームとグループの違い」を考えるヒントがあります。

　プロ野球を例に挙げます。シーズンが始まる段階で，「今シーズンは優勝しなくてもかまわない」「最下位でも問題ない」と考えているチームは存在しません。どのチームも，今シーズンの目標を「優勝」としていると思います。そして，チームを構成するメンバーに「優勝？　何とんでもないこと言っているの？　無理に決まっている」と考える者は存在しません。このように目標が定められ，それをメンバー全体が共有していることがチームの条件となります。

　また，野球は攻撃の際，1番バッター，2番バッター，3番バッター，4番バッターというように打順が決まっています。守備の際も，投手，捕手，内野手，外野手がいて，攻守それぞれにおいて役割があります。メンバーはそれぞれの役割を果たし，勝利を目指します。その延長線上に優勝という目標があります。

　このように目標を共有し，その目標達成のために個々の役割が明確に定められ，その役割を果たしていく集団をチームと呼びます（**図4**）。

図4：チームとグループの違い

	チーム	グループ
メンバー	複数いる 	複数いる 
目標	ある	なし
役割	決まっている	決まってない

（2）介護におけるチームとは

〈チームケアの単位〉

　介護場面におけるチームは，小さな単位として見れば居宅サービス計画に位置づけられている支援者を言います。大きな単位として見れば，居宅介護支援事業所，居宅介護支援事業所をバックアップしている機関，サービス提供者をサポートしている関係者までを支援者と言います。

〈チームケアのリーダー〉

　専門職が専門性を発揮するということは，その場面において，チーム全体のリーダーになるということです。したがって，チームで支援を行う時には，場面によってリーダーが異なります。

〈メンバーの関係性〉

　チームケアについて語る時，メンバー間の仲がよいことが大切であると考えることがあります。しかし，それは大きな間違いです。チームのメンバー間の仲がよくなくても，大きな問題はないのです。仲がよくても専門的機能が果たせていない，あるいはメンバーがマイナスな働きをしていても，馴れ合いの状態で注意できなければ意味がありません。仲が悪くても，互いに叱咤激励しているような関係性の方がよいと言えます。

　同様にチームというものは，チームに参加し，チームの一員として行動していくことを通じて，自分の（自分たちの）支援の力量を高めていくことが可能となります。専門職の持つ専門的見地（見方や考え方，価値観など）や専門的支援に触れる機会が増え，それを自分の（自分たちの）支援に活用することができ，「経験からの学び」が実践されていくことになるからです。このように相互に刺激を受けることができるのも，チームケアの利点の一つと言えます。

（3）チームケアの展開方法

　チームケアの展開方法について，居宅サービス計画に基づいて説明していきます。
　支援の目標は，居宅サービス計画書第1表の「利用者の生活の意向」に表現されます。

利用者及び家族の生活に対する意向	

　そして，「利用者の生活の意向」の根拠，設定の妥当性について，サービス担当者会議を通じて検証されます。介護支援専門員と支援者との間で合意を得て，「利用者の生活の意向」が共有されます。ここで「支援の目的と目標の共有」が可能になります。
　また，支援全体の方向性については，居宅サービス計画書第1表の「総合的な援助の方針」の中で明らかにされます。その妥当性について，やはりサービス担当者会議を通じて検証され，合意を得て共有されていきます。

統合的な援助の方針	

　「生活全般の解決すべき生活課題（ニーズ）」は，居宅サービス計画書第2表の中で同様に共有されていきます。そして，支援者が実現を図る当面の目標として，「短期目標」が共有されていきます。
　1つの短期目標を叶えるために複数のサービス種別，提供者が同時に支援する形がつくられ，「誰が」「どの場面で」「どのような役割を果たし」「支援者をリードしていくか」という関係性がつくられます。このような「一対多」という関係性がつくられることで，チームケアが可能となります。簡単な事例で説明してみましょう。

第2表 　　　　　　　　　　　**居宅サービス計画書（2）**
利用者氏名　　A　　殿

生活全般の解決すべき課題（ニーズ）	目標				援助内容					
	長期目標	（期間）	短期目標	（期間）	サービス内容	※1	サービス種別	※2	頻度	期間
					短期目標→サービス内容　→提供者①　　　　　　　　　　　　　　　　→提供者②　　　　　　　　　　　　　　　　→提供者③　　　　　　　　　　　　　　　　→提供者④　【一つの目標対多数の支援者という関係性】					

> **事例**
> Aさん（82歳，男性，要介護3）。脳梗塞後遺症で左麻痺あり。同年齢の妻との2人暮らし。
> 在宅での生活機能を高めるため，ポータブルトイレでの排泄の自立と，屋内での歩行器歩行のためのリハビリを実施している。

このような利用者に対して，通所リハビリテーションを計画に位置づけます。通所リハビリテーションに求める役割は，「リハビリを実施する」ことではなく，「リハビリのメニューづくり（計画づくり）」です。

・利用者自身が取り組む計画
・家族が協力することができる計画
・通所リハビリテーションの介護職員などがかかわれる計画

これらを「サービス内容」として設定します。

例えばリハビリは，実施回数が多ければ多いほど効果は得られやすくなります。リハビリの機会を多くするためには，利用者自身のセルフケアの機会を増やすだけでなく，家族がかかわってリハビリをする機会をつくったり，通所介護などの利用時にも必要なリハビリ活動が得られるように支援の体制をつくったりすることが必要になります。

同じケースでポータブルトイレでの排泄について，リハビリの視点から移動・移乗・更衣動作の方法を定めてもらい，その方法をさまざまな場面で実践することがリハビリとなります。「リハビリはしてもらうものではなく，利用者自身がするもの」であり，利用者自身がするリハビリを，関係者全員が不足する部分をサポートしていくという関係をつくり出していくことが必要です。

（4）チームケア全体で評価することができる

チームケアを進めることで，チーム全体でアセスメント，評価を行うことができます。初回支援であれば，介護支援専門員の実施したアセスメントについて，サービス担当者会議を通じて，正確性，方法論について専門的な見地から検証することができます。つまり，介護支援専門員が行ったアセスメントに，専門職による専門的な見地に基づくアセスメントを追加・検証していくことになります。この過程を通じて介護支援専門員は，「こんな見方がある」「このような立ち位置から利用者を見れば，こういう姿が新たに見えてくる」ということを学ぶことができます。

とりわけ経験の浅い介護支援専門員は，利用者をいつも一定の立ち位置，一定の方向で見ていることが少なくありません。そのような場合，介護支援専門員が見る

図5：チームケアのメリット

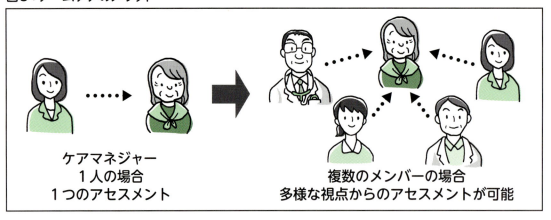

利用者の「顔」は、いつも同じ顔でしかありません。

　介護支援専門員にとって、利用者は要介護高齢者で介護保険サービスの利用者という状況ですが、家族にとってみれば母親であり、主婦でもあるという「要介護高齢者以外の顔」を持っています。「普段見ない顔」を見逃してしまえば、利用者にとって必要な支援が提供されない可能性が高まります。これを修正するためには、「多様な立ち位置」「多様な視点」で利用者をアセスメントすることが必要不可欠となります。これに気づくことが可能になるのも、チームケアの最大のメリットと言えるでしょう（**図5**）。

3. 自立支援とは何をすればよいのか

1）2つの「じりつ」

　「じりつ」には、「自立」と「自律」の2つの文字が充てられます。この2つには大きな違いがあるため、違いを意識して支援しなければなりません（**図6**）。

（1）自立

　自立には、「自分の身の回りのことを自分の力で実施する」という意味があります。介護保険制度の中で用いられている「自立支援」は、「手段的自立」です。

　これにはマイナス面があります。それは介護を必要としているすべての人が「自立できるわけではない」ということです。では重篤な要介護者は、自立支援できないという理由で介護保険制度から切り捨ててしまってもよいのでしょうか。そんなことは絶対にあってはなりません。

　手段的自立には「限界」があり、すべての要介護者に手段的自立が適用されるわけではありません。言い換えれば、手段的自立を求める人は、それが可能なレベル

図6：2つのじりつの意味

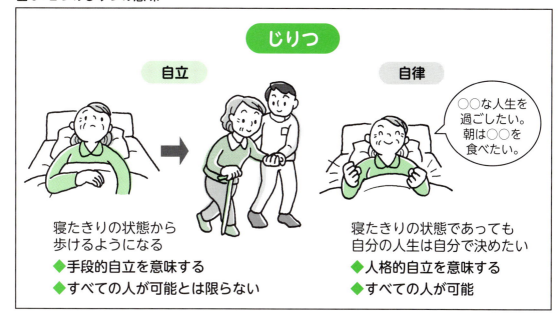

の人であるということです。

（2）自律

自律には，「自分の人生を自分の判断で進めていく」「自己決定をして自分の満足できる暮らしを実現させていく」という意味があります。そのため「人格的自立」と表現されます。それは，重篤な状態でも成り立ちます。重篤な状態になり選択肢が減るほど，「人格的自立」が重要な意味を持ってきます。

これは「すべての人」を対象としています。人格的自立を言い換えれば，「人生の目標を達成していくこと」であり，「自分自身が満足する暮らしを営むこと」です。その意味で「参加」の実現に向けていくことが，人格的自立支援であると言えます。

2）人格的自立支援（自律）と手段的自立支援（自立）の関係性

人格的自立支援（自律）を求めていくことは，利用者の人生の目的を明確化し，それを目標に転換し「見える化＝言語化」することです。そして，目標達成のためにどのような手段を用いると課題を効率的，効果的に解決できるかを考えます。この目標達成の過程に手段的自立支援があります（**図7**）。

しかし，要介護高齢者に将来の話をすると，「今のままでいい」という返事が返ってくることがあります。「今のままでいい」という言葉には，いくつかの思いが含まれています。

①今の状況が満足できる状況だから「今のままでいい」
②将来のことは考えられないから「今のままでいい」
③とりあえずなんでもいいので「今のままでいい」

図7：人格的自立支援と手段的自立支援の関係性

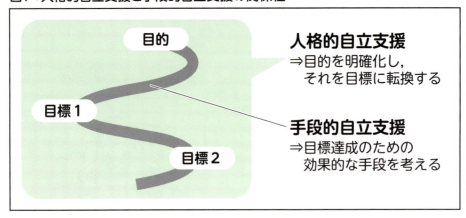

①は，今の状態が「自己実現している暮らし」であるという状況です。

②は，加齢に伴う心身機能の低下，疾病や障害による生活機能の低下により，将来や希望を想像・創造することが難しくなっている状況です。

③は，「考えてみたとしてもそれがどうせ実現されることはない」という「思い込み（経験からくる）・あきらめ」がある状態です。

①の場合の「自立支援」は，「今の状況を維持する」ということになります。しかし，多くの高齢者は②，③のように，闘病の時期にさまざまな期待を抱き，それを実現しようと努力と労力を払ってきたと推定されます。しかし，ことごとく裏切られ，その結果望むことをあきらめ，将来を夢見ることさえも無駄だと考えているかもしれません。

アセスメントの段階で，可能性がありそうだと感じた時，利用者に実際に動いてもらい，「できる」という状況をつくり出し，それを実感してもらうことが必要になります。これが「エンパワメント」の支援です。小さなことでも構いません。できないと思い込んでいることであっても，1つでも実行できたという経験があれば，これまでの利用者自身の自己評価を覆す出発点となることも考えられます。

3）支援の方向性

支援には2つの方向性があります。
- 現在の状況をよりよい状態に変えていく「改善」
- 現在の満足できる状態を続ける「維持」

大雑把な表現を用いれば，
「改善＝自立支援＝手段的自立支援」
「維持＝自律支援＝人格的自立支援」
と言えるかもしれません。

「改善＝自立支援」は行動が変化します。

歩行（移動）であれば，【歩行器歩行⇒多点杖⇒T字杖⇒独歩】というように，「歩

図8:「2つ」の方向性と目標

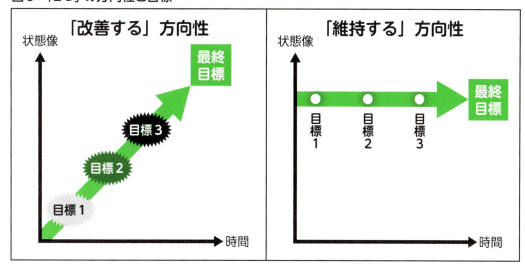

く・移動する姿」が変化します。

「維持＝自律支援」は，自分が求めている役割が果たせれば満足できるということになります。

この2つの方向性は，ケアマネジメントにも違いを産み出します。この違いを認識し，方向性をずらさないことが必要となっていきます（**図8**）。

4）改善への支援

（1）改善することを導き出す

現在の活動の中から「変更しなければいけない活動」を見つけ出し，それを「する活動」として目標化し，具体的にどのような支援が必要かをアセスメントします。既存のアセスメントツールに加えて，バーセルインデックス，リハビリテーション専門職などとの協働によるアセスメントも必要となってきます。「可能性を把握」する習性を身につけておくことが必要です（**図9**）。

この時，「可能性のある活動を」「何のために」「どう活用していくのか」を考え，利用者と意思統一を図っておくことが大切です。これができていないと，支援者の一方的な思いで利用者に無理を強いてしまうことになります（P.36：事例参照）。

（2）達成可能な目標を設定する

利用者の状態像，支援内容は，時間の経過と共に変化します。介護支援専門員は，そのような中で達成可能な目標を設定します。ここで達成不可能な目標が設定されると，利用者は目標を達成できず，恐らく，モチベーションは下がると思われます。モチベーションは達成感から生み出され，達成感によって強化されるものです。そのため，目標とする「する活動」は頑張った結果，達成可能なものを設定する必要があります。

図9：改善への支援

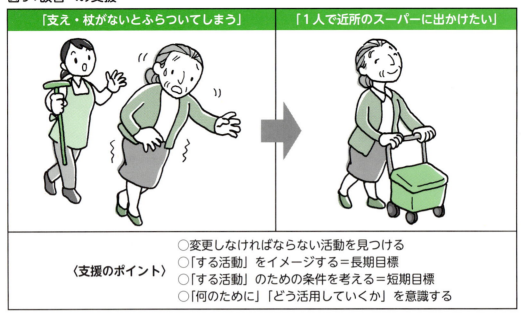

 また，目標とする「する活動」はステップアップし，進化していくことが必要です。そのためには，一つひとつの「する活動」を長期目標として考え，それを達成するためにはいくつかの条件が必要となります。それが短期目標であり，短期目標は複数設定されることが基本です。例えば，「トイレまでの往復を家具や手すりにつかまり，自分で歩くことができる」という長期目標を立てれば，それを達成するために「トイレまでの片道の移動を，歩行補助具を使って自分で移動することができる」（短期目標①：期間3カ月），それが達成できると，「トイレまでの往復を，歩行補助具を使って自分で移動することができる」（短期目標②：期間3カ月），さらに「トイレまでの片道を家具や手すりにつかまって，自分で移動することができる」（短期目標③：期間3カ月）となります。そして，短期目標の達成のために必要な支援がサービス内容に記載され，短期目標の達成のための支援が同時多発的に動いていくことになり，それを計画書の上で実現していくこととなります。

利用者と目標を共有していなかった事例

Aさん（87歳，女性，要介護2）。
転倒して大腿骨頸部骨折。手術をしてリハビリを実施。
歩行のリハビリに一生懸命取り組み，T字杖を用いてではあるが自由に歩行できるまで機能回復。機能回復できたことからリハビリは卒業となり，その最終日にスタッフと共にAさんを囲んで談笑していた。
スタッフがAさんに「Aさん，リハビリ，本当によく頑張りましたね。これで好きなところに行くことができますよ，どこへ行ってみたいですか？」と問い

> かけをした。
> スタッフが本当にこれまでのAさんの頑張りをたたえ，さもにこやかに返事が来るだろうと想像していたが，Aさんは突然にポロポロと涙を流しながら，「私には行きたいところもないし，やりたいと思うこともない」と言った。
> スタッフは誰もこんな答えが返ってくることは想定しておらず，Aさんよりもスタッフがショックを受けていた。

　この事例では，支援の目的が共有されないまま手段だけを追い求めていました。しかも，目標設定の過程に本人は関与していません。本来は行きたいところがあり，やりたいことがあって，「歩く」という移動手段を手に入れようとするものです。

　しかし，支援者はそうではなく，「歩けないよりも歩ける方がよい」「歩ける方がAさんにとってよいことに違いない」という「（善意の）思い込み」で，目的を考えない支援をしたことになります。

　このような「善意に基づく間違った行動」は，介護の世界ではよく見聞きすることです。このような事態を防ぐ意味でも，今日ではACPを確実に実行し，目的を明確にする過程そのものが支援の第一歩です。

5）維持への支援

（1）維持することを導き出す

　アセスメントにより，次のことを導き出します。
①現在どのような活動ができるのか。
②それによって，どんなことが得られているから満足できているのか。
③現在できている活動を低下させる因子は何か。
④その発生を予防（防止）するために何が必要か。

　既存のアセスメントツールに加えてFIMを用いたり，リハビリ専門職などと協働でアセスメントしたりすることも必要となってきます。

　維持するという方向性では，「している活動」から得られる「自己実現の状況」を把握することが必須です（**図10**）。それは次のようなものです。
①日常生活での利用者の役割がある
②利用者の生きがいがある
③家族に介護の負担をかけずに暮らしていられる

（2）「している活動」を低下させる可能性を明確化する

　利用者の状態像は，時間の経過があっても変化しません。時間の経過によって変化するのは，活動を低下させる因子とその予防策です。

図10：維持への支援

〈支援のポイント〉
○「している活動」を理解し，そこから得られる「自己実現の状況」を把握する
○「している活動」を低下させる因子を理解する＝長期目標
○「している活動」の低下に対する防止策を考える＝短期目標

趣味である登山を通して，自然と触れ合う楽しみを継続したい。

　ポイントは，「している活動」により得られる満足内容の解析です。そこから「している活動」を低下させる可能性を明確化し，それを予防するためにどのような方策が必要となるかを考えます。
　計画で言えば，「長期目標」が「時間の経過と共に変化していくことになります。つまり，「阻害因子の発生を防止することで，している活動が維持できる」という表現になります。そして，阻害因子の発生防止のための条件として短期目標が設定されます。
　例えば，「転倒のリスクを回避し，一人でトイレに行ける状態を続ける」という長期目標を立てたとします。転倒のリスクとなる「下肢筋力の向上」「移動距離の延伸」などが短期目標となります。そして，短期目標達成のための支援内容がサービス内容に記載されます。
　また，阻害因子の発生防止は，危険性の高さが優先順位の判断根拠となります。発生の危険性が高く，また発生した時の影響が大きい阻害因子は，できるだけ早くその芽を摘んでしまうことが必要です。

6）支援の方向性と計画書作成の留意点

　ケアプラン点検，事例検討の場などでケアプランを確認する中で，支援の方向性が「維持」なのに支援内容や目標が「改善を図る」ことになっていたり，その逆であったりするという計画書を見ます。
　前述したように，支援の方向性によってアセスメントの視点，支援内容の検討方法も異なってきます。方向性と支援内容に差異があるということは，アセスメントが実施できていない証拠となります。
　居宅サービス計画書の作成段階で常に支援の方向性を意識し，方向性と思考を確認しながら計画書を作成することが求められます。
　このことについて，具体的なケアプランの記載例（**表2，3**）で説明します。

表2：記載内容が適切な例

利用者の生活に対する意向	私は，家族が仕事から帰ってくるまでに洗濯物を取り込むことを自分の日課としている。今の自分には家族のためにこれくらいしかすることができないが，この洗濯物を取り込むことが自分の生き甲斐にもなっているので，これを続けていきたい。 解説：利用者自身の役割が具体的であり，それを利用者自身が強く意識していることを共有できている。それを「言葉」で表現することで，利用者や他の関係者と適切に共有することができている。
家族の生活に対する意向	母は洗濯物を取り込むことを，とても大切な自分の役割と認識している。よく「私の仕事で生き甲斐だ」と話している。これからも洗濯物の取り込みを続けてもらえるように，洗濯物を干す場所の安全性を考慮したり，洗濯物を取り込みやすい環境を整えたりするなど協力したいと思っている。 解説：本人の意向を共有できているからこそ，家族が利用者自身の生活の意向にどのように協力をしていくのかが明確に表現することができている。
総合的な援助の方針	生き甲斐である洗濯物を取り込むことができるだけの運動能力を保ち続けていくことができるように，支援を提供していきます。 解説：支援全体の進んでいく方向が明確に示され，かつ方向性と支援の内容の整合性が担保されている。
生活課題	立ったり座ったり，手を伸ばして立ってバランスを取る運動が洗濯物を取り込むためには絶対に必要になるので，立位バランスを維持し，転倒につながる下肢の筋力が低下しないように下肢の筋力を維持するための活動を自宅でも実施していく。 解説：利用者自身が何に取り組み，その取り組みによってどのような活動を獲得しようとしているのかが具体的に表現できていることで，「ゴール」が明確化できていて共有しやすくなっている。
長期目標	現在の運動動作を低下させずに，洗濯物を取り込むことが続けられている。 解説：生活課題の中で獲得すべき活動が明確になっているので，目標はそれを複写する形で具体的な活動として設定できている。
短期目標	手を伸ばしたままで活動できる立位バランスが維持できる。 解説：長期目標の達成のための条件として，立位バランスの安定性を維持していくという具体的な状況が明確に設定できている。
サービス内容 本人がすること	リハビリ指導者の作ったメニューに従い，自宅にあるエアロバイクで自主的にトレーニングをする。 解説：下肢筋力の維持のために利用者自身が何をするのかが具体的に設定できている。
サービス内容 家族がすること	１．洗濯物を干す場所を段差や傾斜のない場所に設定してください。 ２．自主トレーニングが過剰にならないように，筋肉痛などの有無に気をつけて観察してください。 解説：家族の協力する内容が具体的に設定できている。
サービス内容 支援者のすること	①自主トレーニングのメニュー作りと管理。特にこれ以上は無理しないという上限の設定。 ②支援の中で，洗濯物の取り込みや洗濯物をたたむなどの活動を取り入れる。 解説：サービス内容は「どのような支援をするのか」ということが設定される。単に「リハビリ」として設定するよりも，「どのようなリハビリをするか」が設定されていると，提供者はその設定に特化した思考を展開しやすくなる。
提供者	①通所リハビリ：理学療法士　　②通所リハビリ：介護職員 解説：通所リハビリテーション事業所の人員配置では，リハビリの専門職だけでなく介護職員も配置されているので，人材という資源を十分に活用するという視点が必要になる。

表3：記載内容が不適切な例

利用者の生活に対する意向	私は，病気のために何もすることができずに家族に迷惑ばっかりかけている。これからはできるだけ家族に負担をかけないようにしていきたいと思っています。 解説：利用者の意向は，利用者のフェルト・ニードのレベルでとどまっている。言葉だけをとらえてしまっているため，具体性が見えてこない。
家族の生活に対する意向	母は迷惑をかけていると言うけど，私たちはそんな気持ちにはなっていません。母にはもっと自分に自信を持ってもらいたいと思っているので，自分の動きに自信が持てるような支援をしてほしいと思っています。 解説：これは利用者の生活や支援に対する家族の考えを確認している。利用者の生活の意向に具体性がないために利用者の意向をどう評価するか，どう協力していくかの意見を表出できない。
総合的な援助の方針	生き甲斐である洗濯物を取り込むことができるだけの運動能力を獲得できるような支援を提供していきます。 解説：洗濯物を取り込むことができるようになるために，どのような運動能力の獲得が必要なのかを明らかにし，その獲得に向けた支援を提供するという方針が必要になる。
生活課題	家族の負担を減らすことができるように，できるだけ自分で起きて動けるようになりたい。ポータブルトイレで排泄ができるようになりたい。 解説：フェルト・ニードになっている。しかも目的が不明確なままなので，自分で起きて動いて何をしたいか，ポータブルトイレでの排泄を毎回1人で行うのかなどの具体的な姿が見えてこない。
長期目標	ポータブルトイレで排泄することができる。 解説：毎回1人でポータブルトイレで排泄するのか，1日1回なのかが分からない。ゴールが不明確だと終了の判断ができなくなる。
短期目標	ポータブルトイレに1人で移乗することができる。 解説：排泄のたびに1人で動作をするのかが分からない。家族や支援者も，いつ支援をしてよいのか分からなくなる。
サービス内容 本人がすること	立位バランスを保つことができるくらいの運動能力を得ることができるようにリハビリをする。 解説：もしポータルブルトイレへの移乗が適切な目標だとした時，立位バランスを保つということを目的としたリハビリでは目標達成はできない。短期目標の達成のために必要なサービス内容が設定されていない。
サービス内容 家族がすること	1．排泄時にはポータブルトイレを使うように本人に指示をする。 2．移乗時にはバランスを支えるなどの介助をする。 解説：本人の行うことと家族が行うことに整合性がない。家族は何のためにこの支援をするのかが理解できないのではないか。
サービス内容 支援者のすること	①立位バランスを保つことができるくらいの運動能力を得ることができるようなリハビリの実施。 ②通所リハビリの利用時間中の排泄の際は，ポータブルトイレで排泄の介助をする。 解説：①は短期目標の達成のために必要な支援内容にはなっていない。 ②は通所リハビリ利用時間中に支援をすることが設定されていることはよい点として挙げられるが，事業所の中でポータブルトイレを使うことを考えた時，場所の設定は重要な視点となる。あえてトイレとしないことに意味があるのかも含めて考えてみる必要がある。

4. 自立支援のためのアセスメント

1）アセスメント

　法令遵守の視点からすると，老企第29号通知で定められている「課題分析標準項目」の23項目を充たしていれば，アセスメントは成立することになります。改めて課題分析標準項目を確認してみましょう（**表4**）。

　この23項目を見ると，誰にとっても必要であり，対象者によって重要な項目が異なるものに区分けされています。

「基本情報に関する項目」…誰にとっても必要性には大差がない
「課題分析（アセスメント）に関する項目」…利用者によって重要になる項目が異なる

　例えばADLについて，「自立・一部介助・全介助」という区分けで現在の状況を分類することもできます。ここにバーセルインデックス（できる活動〈可能性のアセスメント〉）やFIM（している活動〈実行性〉のアセスメント）を活用し，「できる活動」「している活動」に区分けした情報収集や分析をすることもできます。

　介護支援専門員は，それを根拠にケアマネジメントを実施します。

2）アセスメントにおける留意点
（1）言葉ではなく意思を理解する

　コミュニケーションは，言葉を介して行われます。ところが介護支援専門員は「語られた言葉」に引きずられてしまい，「意思」を見落とす傾向にあります。そのため，「こう言っていた」で終わってしまい，「なぜそう言ったのか」「その意味はどうなのか」ということにたどり着けない場合があります。重要なことは，「何を言ったか」ではなく，「何を伝えたかったか」ということです。

　介護支援専門員と利用者がコミュニケーションを取る場面を見ていきます。

　介護支援専門員は，利用者からさまざまな情報を得るために質問し，利用者はそれに答えます。介護支援専門員は，利用者の返答を吟味し，答えが得られれば次の質問を，答えが得られなければ追加の質問をします。このように質問⇒返答⇒次の質問を行います。

　この時，介護支援専門員と利用者の頭の中では何が行われているのでしょうか。

　介護支援専門員は，利用者が答えをすべて提供してくれたことを確認し，次の質問をするはずです。利用者も最初の頃は，問われるままに返答しているかもしれません。

　しかし，徐々に質問内容が深いところへと切り込んできて，自分が触れられたく

表4：課題分析標準項目

	基本情報に関する項目	
No.	標準項目名	項目の主な内容（例）
1	基本情報（受付，利用者等基本情報）	居宅サービス計画作成についての利用者受付情報（受付日時，受付対応者，受付方法など），利用者の基本情報（氏名，性別，生年月日・住所・電話番号などの連絡先），利用者以外の家族などの基本情報について記載する項目
2	生活状況	利用者の現在の生活状況，生活歴などについて記載する項目
3	利用者の被保険者情報	利用者の被保険者情報（介護保険，医療保険，生活保護，身体障害者手帳の有無など）について記載する項目
4	現在利用しているサービスの状況	介護保険給付の内外を問わず，利用者が現在受けているサービスの状況について記載する項目
5	障害老人の日常生活自立度	障害老人の日常生活自立度について記載する項目
6	認知症老人の日常生活自立度	認知症老人の日常生活自立度について記載する項目
7	主訴	利用者およびその家族の主訴や要望について記載する項目
8	認定情報	利用者の認定結果（要介護状態区分，審査会の意見，支給限度額など）について記載する項目
9	課題分析（アセスメント）理由	当該課題分析（アセスメント）の理由（初回，定期，退院退所時など）について記載する項目

	課題分析（アセスメント）に関する項目	
No.	標準項目名	項目の主な内容（例）
10	健康状態	利用者の健康状態（既往歴，主傷病，症状，痛みなど）について記載する項目
11	ADL	ADL（寝返り，起き上がり，移乗，歩行，着衣，入浴，排泄など）に関する項目
12	IADL	IADL（調理，掃除，買い物，金銭管理，服薬状況など）に関する項目
13	認知	日常の意思決定を行うための認知能力の程度に関する項目
14	コミュニケーション能力	意思の伝達，視力，聴力などのコミュニケーションに関する項目
15	社会とのかかわり	社会とのかかわり（社会的活動への参加意欲，社会とのかかわりの変化，喪失感や孤独感など）に関する項目
16	排尿・排便	失禁の状況，排尿排泄後の後始末，コントロール方法，頻度などに関する項目
17	褥瘡・皮膚の問題	褥瘡の程度，皮膚の清潔状況などに関する項目
18	口腔衛生	歯・口腔内の状態や口腔衛生に関する項目
19	食事摂取	食事摂取（栄養，食事回数，水分量など）に関する項目
20	問題行動	問題行動（暴言・暴行，徘徊，介護への抵抗，収集癖，火の不始末，不潔行為，異食行動など）に関する項目
21	介護力	利用者の介護力（介護者の有無，介護者の介護意思，介護負担，主な介護者に関する情報など）に関する項目
22	居住環境	住宅改修の必要性，危険個所などの現在の居住環境について記載する項目
23	特別な状況	特別な状況（虐待，ターミナルケアなど）に関する項目

ない質問になると，利用者はごまかそうとしたり，はぐらかしたりするでしょう。質問の意図が分からないようであれば，答えを探そうとします。いずれにしても利用者の頭の中でも，介護支援専門員と同様に「考える」という行動が起こります。

　介護支援専門員は，質問する際に，質問に関する目的や目標が存在しています。それは明確になっている場合もあるし，無意識に近いような場合もあります。しかし，利用者に質問する際，目的や目標などを省いて伝えていることが多いはずです。

　そのため，利用者は，介護支援専門員の質問に対して，「何のために（目的），何を，どのような形で（目標），どんな方法で（手段）求めているのか」を適切に表現して答えるということは多くありません。そうなると，介護支援専門員に求められてくる役割は，「何を求めているのか」を知るだけでなく，目的や目標も含めて「何を，なぜ求めているのか」を伝えることが大切になります。

（2）本心を語るとは限らない

　質問の方法に，「クローズド・クエスチョン」と「オープン・クエスチョン」というものがあります。フェイスシートなどの情報を確認する場合は，定型化された質問項目に沿って質問形式で確認します。このような質問形式を「クローズド・クエスチョン」と言います。また，○・×で答えられない質問や感情などを確認する場合は，「あなたはどんな暮らし方が実現できれば満足だと考えますか」などと質問します。このような質問形式を「オープン・クエスチョン」と言います。

　定型的な情報収集には「クローズド・クエスチョン」を用い，一人ひとり答えが異なる項目を確認する際は「オープン・クエスチョン」を用います。介護支援専門員はこれらの方法を用いながら，利用者とコミュニケーションを図っていきます。

　しかし，オープン・クエスチョンを活用する時は，「語られた言葉と真の気持ちは，必ずしも一致しているものではない」ということに注意しなければなりません。利用者は常に自分の本心を答えるわけではありません。あえて本心を語らないということや，偶発的に本心を語らなかったということもあり得ます。

　繰り返しになりますが，介護支援専門員は「この言葉で何を伝えたかったのか」「こういうことについては語られているが，これについては語られていない。なぜか？」ということを考える必要があります。それを解決するために質問を繰り返し，利用者の「伝えたいこと＝意思」を明らかにします。

5. 自立支援のための
アセスメント内容と居宅サービス計画書作成手順

1）「改善する方向」のアセスメントと居宅サービス計画原案作成手順

「改善する方向」のアセスメントの展開は，次の手順で行います。

手順1 利用者の生活の意向（満足することができる暮らし方）を，利用者や家族との協働作業でまとめる。

↓

手順2 利用者の生活の意向が実現した時に，具体的にどのような活動をしている姿なのかをまとめる。
【目的を見える化する，目的を言語化する，目的を目標に変換する】
※手順1・手順2の内容が，第1表「利用者の生活に対する意向」の記載内容となる。

↓

手順3 目標の具体的な活動状況と現在の状況とを比較する。【「問題」の把握】

↓

手順4 問題の解決＝現在の状況を目標としている活動に改善する＝ための情報分析をする。
【現在の活動状況のどこを・どこまで・どのように変容するか】

↓

手順5 目標とする活動を実現するための方策を検討する。

↓

手順6 方策のプレゼンテーション，メリットやデメリットも併せて情報提供する。

↓

手順7 利用者に分かりやすく説明し，利用者の選択と自己決定を支援する。

↓

手順8 問題の解決のために，利用者が主体的に取り組むべきことを共有する。
※手順8の内容が，第2表「生活全般の解決すべき課題（ニーズ）」の記載内容となる。

↓

手順9 現在の状況から目標とする状況に至るまでの活動の変化を想定し，当面の目標とする「する活動」を明確にし，利用者や家族と共有する。
※手順9の内容が，第2表「長期目標」の記載内容となる。

↓

手順10　長期目標の達成のために必要な時間を算定する。
　　　　※手順10の内容が，第2表「長期目標の期間」の記載内容となる。

↓

手順11　長期目標を達成するために，どのような条件が整えば可能になるのかをまとめ，条件について優先順位をつける。
　　　　※手順11の内容が，第2表「短期目標」の記載内容となる。優先順位の高い順に記載する。

↓

手順12　短期目標の達成のために必要な時間を算定する。
　　　　※手順12の内容が，第2表「短期目標の期間」の記載内容となる。

↓

手順13　短期目標ごとに，短期目標の達成のためにどのような支援をしたらよいかを考察する。
　　　　また，支援については利用者自身が取り組むこと，家族の取り組みなどのボランタリーな支援，市町村の高齢者施策等の支援も活用して，短期目標の達成方法を検討する。

↓

手順14　手順13で考察したサービス内容について，場面ごとに支援のリーダーとなるサービス種別を考察する。
　　　　※手順13・手順14の内容が，第2表「サービス内容」の記載内容となる。

↓

手順15　手順14で設定したサービス種別の中から，実際に必要な支援を提供することができる事業所を選定する。選定にあたっては利用者に決定権があるので，情報提供・提案・協議をして決定する。
　　　　※手順15で決定した事業所が，サービス提供事業所としての第一候補となる。

↓

手順16　短期目標を設定した期間の中で実現可能とするために，サービス内容に定めたサービスをどのくらいの頻度で利用したら可能になるかを検討する。
　　　　※手順15・手順16で検討した結果がよければ，その内容が第2表「事業所名」「頻度」の記載内容となる。

↓

手順17　手順16の頻度に基づき，短期目標期間中の実際のサービス利用予定に応じて，サービス提供の開始日と終了日が設定される。
　　　　※手順17の内容が，第2表「期間」の記載内容となる。

2）「維持する方向」のアセスメントと居宅サービス計画原案作成手順

「維持する方向」のアセスメントの展開は，次の手順で行います。

手順1 利用者の生活の意向（満足することができる暮らし方）を利用者や家族との協働作業でまとめる。

↓

手順2 現在の利用者の「している活動」を把握し，何が・どのように「実行しているのか」を明らかにすると共に，実行できていることでどのような役割や満足感を得られているのかを，利用者や家族と協議をして明確化する。
【目的を見える化する，目的を言語化する，目的を目標に変換する】
※手順1・手順2の内容が，第1表「利用者の生活に対する意向」の記載内容となる。

↓

手順3 現在のしている活動を低下させる危険性のある要因と，その対処策の有無を確認し，危険因子に対する対処策が講じられていない状況を明確化する。【「問題」の把握】

↓

手順4 問題の解決＝危険因子の解消策を講じる。
【危険因子を解消するために何を・どのように・どのくらい支援すればよいのかを明確化する】

↓

手順5 危険因子の解消策に対して優先順位を検討する。

↓

手順6 方策のプレゼンテーション，メリットやデメリットも併せて情報提供する。

↓

手順7 利用者の選択と自己決定を支援し，利用者に分かりやすい説明と選択を支援する。

↓

手順8 問題の解決のために，利用者が主体的に取り組むべきことを共有する。
※手順8の内容が，第2表「生活全般の解決すべき課題（ニーズ）」の記載内容となる。

↓

手順9 長期目標の達成のために必要な時間を算定する。
※手順9の内容が，第2表「長期目標の期間」の記載内容となる。

↓

| 手順10 | 長期目標を達成するために，どのような条件が整えば可能になるのかをまとめ，条件について優先順位をつける。
※手順10の内容が，第2表「短期目標」の記載内容となる。優先順位の高い順に記載する。 |

⬇

| 手順11 | 短期目標の達成のために必要な時間を算定する。
※手順11の内容が，第2表「短期目標の期間」の記載内容となる。 |

⬇

| 手順12 | 短期目標ごとに，短期目標の達成のためにどのような支援をしたらよいかを考察する。また，支援については利用者自身が取り組むこと，家族の取り組みなどのボランタリーな支援，市町村の高齢者施策等の支援も活用して，短期目標の達成方法を検討する。 |

⬇

| 手順13 | 手順12で考察したサービス内容について，場面ごとに支援のリーダーとなるサービス種別を考察する。
※手順12・手順13の内容が，第2表「サービス内容」の記載内容となる。 |

⬇

| 手順14 | 手順13で設定したサービス種別の中から，実際に必要な支援を提供することができる事業所を選定する。選定にあたっては利用者に決定権があるので，情報提供・提案・協議をして決定する。
※手順14で決定した事業所が，サービス提供事業所としての第一候補となる。 |

⬇

| 手順15 | 短期目標を設定した期間の中で実現可能とするために，サービス内容に定めたサービスをどのくらいの頻度で利用したら可能になるかを検討する。
※手順14・手順15で検討した結果がよければ，その内容が第2表「事業所名」「頻度」の記載内容となる。 |

⬇

| 手順16 | 手順15の頻度に基づき，短期目標期間中の実際のサービス利用予定に応じて，サービス提供の開始日と終了日が設定される。
※手順16の内容が，第2表「期間」の記載内容となる。 |

> **コラム** できると思ったが意外に難しい
>
> 「聞いたその場では『できる』と考えていたけど，実行してみると思うようにできなかった」
> 「実践してみると分からないことが急に顕在化してくる」
> 「実際に試してみて，もっと細かな点や奥深い対応が必要だと気づいた」
>
> 　誰しも同様の経験があると思いますが，これはイメージの描き方に問題があるからです。つまり，聞いたその場ではかなりアバウトなイメージを描き，それで完成したと思い込んでいるのです。
>
> 　最初は1人の利用者でもよいので「モデル」になってもらい，試行してみてください。初めて気がつくこと，分かることが多々あります。そして実際に試してみることで，詳細な疑問が出てきます。それを再確認していくことで理解が深まり，さらに試行錯誤することで「自分なりのコツ」もつかめて，より実践的な技術の向上が図られていくことになります。

第3章
ケアプラン点検の実際

1. 居宅サービス計画書の記載要領と記載内容

1) 老企第29号通知の解釈

　居宅サービス計画書の作成については、「介護サービス計画書の様式及び課題分析標準項目の提示について（老企第29号平成11年11月12日厚生省老人保健福祉局企画課長）」で示されています。

　同通知の中で、居宅サービス計画書は法定様式であることも明確になっています。介護支援専門員は、この様式を用い、記載要領に沿って居宅サービス計画を作成することが必須要件となります。しかし、この通知は「この欄にはこの情報を書きなさい」というルールを設定していますが、その情報とはどういう内容なのかについては、詳細に定められているわけではありません。そこが明確になっていないことが、介護支援専門員にとっては頭の痛いところです。つまり、ケアプラン点検の際の「基準」が不明瞭であるため、点検者の力量と感性と価値観によって、点検結果が左右されてしまいます。

　そこで、この通知の記載要領と記載するべき内容とを提示しながら、点検の際に基準となる事柄を明確にします（**表1～3**）。

表1：居宅サービス計画書第1表の記載事項

記載項目	老企第29号の記載要領	記載すべき内容および留意事項
利用者の生活の意向	利用者が、どのような内容の介護サービスをどの程度の頻度で利用しながら、どのような生活をしたいと考えているのかについて、課題分析の結果を記載する。	利用者が満足できる生活の姿（人生の目的）と、それを実現した時の具体的な「している活動」の状況を記載する。
家族の生活の意向	家族が、どのような内容の介護サービスをどの程度の頻度で利用しながら、どのような生活をしたいと考えているのかについて、課題分析の結果を記載する。	利用者の生活の意向に対して、家族がどのように評価し、かかわりを持っていくのかの意見を記載する。
利用者・家族の意向の共通項	利用者およびその家族の介護に対する意向が異なる場合には、各々の主訴を区別して記載する。	可能であれば、利用者・家族の誰がどのような意向があるかも区別して記載する。
総合的な援助方針	課題分析により抽出された「生活全般の解決すべき課題（ニーズ）」に対応して、当該居宅サービス計画を作成する介護支援専門員をはじめ、各種のサービス担当者が、どのようなチームケアを行おうとするのか、総合的な援助の方針を記載する。あらかじめ発生する可能性が高い緊急事態が想定されている場合には、対応機関やその連絡先などについて記載することが望ましい。	援助の目的を明らかにし、目的達成のために関係者全体の向くべき方向性を、「ケアプラン全体の要約」という形で記載する。 一般的にこの欄の記載は、計画作成の最後の段階に記載する。計画書の最初から最後まで一貫した方向性が維持されているのかを確認した上で、計画全体の要約をする。しかし、計画作成途中で援助方針を設定する場合、利用者の意向とその実現のために必要となる支援の方向性を常に意識し、段階ごとに方向性と乖離していないかの確認をして計画作成をする。

表2：居宅サービス計画書第2表の記載事項

記載項目	老企第29号の記載要領	記載すべき内容および留意事項
生活全般の解決すべき課題（ニーズ）	利用者の自立を阻害する要因等であって、個々の解決すべき課題（ニーズ）についてその相互関係をも含めて明らかにし、それを解決するための要点がどこにあるかを分析し、その波及する効果を予測して原則として優先度合いが高いものから順に記載する。	利用者が主体的に取り組み、解決を図る課題を記載する。 解決が可能であり、かつ、解決した時の具体的な活動状況が明確に判断できるように記載する。 原則として、最優先される一つの課題を設定する。
長期目標	基本的には個々の解決すべき課題に対応して設定するものである。 ただし、解決すべき課題が短期的に解決される場合やいくつかの課題が解決されて初めて達成可能な場合には、複数の長期目標が設定されることもある。 なお、抽象的な言葉ではなく誰にもわかりやすい具体的な内容で記載することとし、かつ目標は、実際に解決が可能と見込まれるものでなくてはならない。（傍点筆者）	課題解決に向けた取り組みのうち、当面目指す具体的かつ実現可能な活動状況（「する活動」）を記載する。 原則として、長期目標は最優先される一つの目標像を記載する。 ⇒老企第29号の「傍点部」を読めば、「長期目標が1つ」という根拠になる。
長期目標の期間	「長期目標」の「期間」は、「生活全般の解決すべき課題（ニーズ）」を、いつまでに、どのレベルまで解決するのかの期間を記載する。 また、原則として開始時期と終了時期を記入することとし、終了時期が特定できない場合等にあっては、開始時期のみ記載する等として取り扱って差し支えないものとする。 なお、期間の設定においては「認定の有効期間」も考慮するものとする。	長期目標の達成に必要な時間（期間）を記載する。 「○年×月～○年▽月」という記載をする。
短期目標	解決すべき課題及び長期目標に段階的に対応し、解決に結びつけるものである。 緊急対応が必要になった場合には、一時的にサービスは大きく変動するが、目標として確定しなければ「短期目標」を設定せず、緊急対応が落ち着いた段階で、再度、「長期目標」・「短期目標」の見直しを行い記載する。 なお、抽象的な言葉ではなく誰にもわかりやすい具体的な内容で記載することとし、かつ目標は、実際に解決が可能と見込まれるものでなくてはならない。	長期目標達成のための条件として、その条件が充たされた活動を記載する。 具体的かつ実現可能な状況を記載する。
短期目標の期間	「短期目標」の「期間」は、「長期目標」の達成のために踏むべき段階として設定した「短期目標」の達成期限を記載する。 また、原則として開始時期と終了時期を記入することとし、終了時期が特定できない場合等にあっては、開始時期のみ記載する等として取り扱って差し支えないものとする。 なお、期間の設定においては「認定の有効期間」も考慮するものとする。	短期目標の達成に必要な時間（期間）を記載する。 「○年×月～○年▽月」という記載をする。

表2の続き

記載項目	老企第29号の記載要領	記載すべき内容および留意事項
目標と期間の共通項	期間の設定においては「認定の有効期間」も考慮するものとする。	
サービス内容	「短期目標」の達成に必要であって最適なサービスの内容とその方針を明らかにし、適切・簡潔に記載する。 この際、できるだけ家族による援助も明記し、また、当該居宅サービス計画作成時において既に行われているサービスについても、そのサービスがニーズに反せず、利用者及びその家族に定着している場合には、これも記載する。 なお、生活援助中心型の訪問介護を必要とする場合には、その旨を記載する。	短期目標の達成に必要な支援の内容を記載する。 利用者自身のすること、家族のすることも可能な限り記載する。 サービス提供者の役割分担を記載する。 サービス内容については、そのサービスの提供手順や具体的な提供方法を記載する必要はない。あくまでもどのようなサービスを提供するのかが表現されていれば問題にならない（具体的な手順などは個別サービス計画書にサービス事業所の二次アセスメント結果として記載される）。
保険給付の対象かどうかの区分	「サービス内容」中、保険給付対象内サービスについて○印を付す。	保険給付の対象となるサービス内容について、※1の欄に○をつける。
サービス種別	「サービス内容」及びその提供方針を適切に実行することができる居宅サービス事業者等を選定し、具体的な「サービス種別」及び当該サービス提供を行う「事業所名」を記載する。 家族が担う介護部分についても、誰が行うのかを明記する。	保険給付サービスであれば、サービス内容から見て、どの種別がリーダーとなって支援を提供することが効果的なのかという視点から種別を選択する。 あくまでも種別の専門性や専門機能を基準として選択する。 種別の中から求められるサービスを最も効果的に提供できる事業所を選択し、※2に事業所名を記載する。 保険給付外の支援については、種別の欄に制度の名称や支援の名称を記載する。 ※2には提供者の機関名、個人名などを記載する。
頻度	「サービス内容」に掲げたサービスをどの程度の「頻度（一定期間内での回数、実施曜日等）」で実施するかを記載する。	サービス内容に位置づけられたサービスの提供頻度を記載する。 「週○回」「常時」「月2回」などの具体的な回数を記載する。
サービス提供期間	「サービス内容」に掲げたサービスをどの程度の「期間」にわたり実施するかを記載する。 なお、「期間」の設定においては「認定の有効期間」も考慮するものとする。	短期目標期間中の、具体的なサービス提供開始日～サービス提供終了日を記載する。 「○年×月▽日～○年□月☆日」という記載をする。
福祉用具貸与又は特定福祉用具販売のサービスを必要とする理由	福祉用具貸与又は特定福祉用具販売を居宅サービス計画に位置付ける場合においては、「生活全般の解決すべき課題」「サービス内容」等に当該サービスを必要とする理由が明らかになるように記載する。 なお、理由については、別の用紙（別葉）に記載しても差し支えない。	担当者会議での協議の結果を記載する。 なお、様式の中に理由を記載する「専用の欄」は設定されていないので、第2表の中のどこに記載しても問題にはならない。さらに「なお書き」のように他の居宅サービス計画様式や別の用紙に記載してもかまわない。 分かりやすさという視点から言えば、「サービス内容」に理由を記載すると分かりやすくなる。

表3：居宅サービス計画書第3表の記載事項

記載項目	老企第29号の記載要領	記載すべき内容および留意事項
週間計画	利用者の起床や就寝，食事，排泄などの平均的な1日の過ごし方について記載する。 なお，当該様式については，時間軸，曜日軸の縦横をどちらにとってもかまわない。	第2表のサービス提供頻度に応じた，具体的なサービス提供曜日・時間を記載する。
主な日常生活上の活動		クライエントの，主な日常生活上の活動として，基本的に曜日にかかわらず実行されている活動を記載する。
週単位以外のサービス		1週間のタイムスケジュール上で表現されない支援（例：短期入所・福祉用具貸与，月1〜3回程度の支援等）を記載する。

長野県介護支援専門員研修検討委員会作成資料を基に筆者が加筆修正

　記載すべき内容は「これが正解」というわけではありません。しかし，このような内容を記載することがより適切であることが，長野県介護支援専門員研修検討委員会の中で永年協議をされ，まとめられてきています。

　筆者も一時期その一員として，記載内容やその内容を把握するためにどうしたらよいかを検討してきました。その結果，このような内容を記載することが老企29号通知を最も適切に具現化した表現であると共に，利用者の個別性を表現し，利用者の自立した日常生活支援のための計画とするために必要なこととしてまとめてきました。

　そのため，他の都道府県の実務研修をはじめとした介護支援専門員研修課程で指導されている内容と比較してみると違いはあると思いますが，この記載内容が基準として活用できるものと考えています。

2. 不適切な居宅サービス計画書の例とその修正

　ここまでケアプランの記載と，そのための課題分析（アセスメント）の考え方について触れてきました。そこで「不適切なケアプラン」や記載の例と，その修正方法について解説します。間違えやすい点，勘違いしている点などを確認してみてください。

モデル計画1

　これまで，居宅サービス計画書の記載と，そのための課題分析（アセスメント）の考え方について触れてきました。そこで「モデル計画1」を用いて，「不適切な居宅サービス計画書」の記載の例と，その修正方法について解説します。間違えやすい点，勘違いしている点などを確認してみてください。

居宅サービス計画書（1）

作成年月日 2017年12月11日

初回・紹介・(継続)　(認定済)・申請中

第1表

利用者名　A　殿　生年月日　1935年○月○日　住所　○○○○

居宅サービス計画作成者氏名　中村雅彦

居宅介護支援事業者・事業所名及び所在地　北アルプス医療センターあづみ病院　○○○○

居宅サービス計画作成（変更）日　2017年12月11日　初回居宅サービス計画作成日　2014年2月14日

認定日　2017年12月10日　認定の有効期間　2018年1月1日～2019年12月31日

要介護状態区分	要介護1 ・ 要介護2 ・ (要介護3) ・ 要介護4 ・ 要介護5
利用者及び家族の生活に対する意向	利用者：家族に負担をかけることなく自宅で安心して暮らしていきたいと思っている。でも、風呂に入れないので風呂に入れるように手伝ってほしい。 家族（長男）：自分も妻も仕事のため、日中は留守になる。父も自分の身の回りのことが精いっぱいなので、父が無理をすることで共倒れにならないようにしてほしい。そのためにも、母にはトイレくらい自分で行ってほしい。
介護認定審査会の意見及びサービスの種類の指定	なし
総合的な援助の方針	自分1人でお風呂に入ることができるようになるお手伝いをしていきます。
生活援助中心型の算定理由	1. 一人暮らし　2. 家族等が障害、疾病等　3. その他（　　　）

居宅サービス計画について説明を受け、内容に同意し交付を受けました。　説明・同意日　2017年12月11日　利用者同意欄　A　Ⓐ

居宅サービス計画書（2）

第2表

利用者氏名　A　殿　　　作成年月日　2017年12月11日

生活全般の解決すべき課題（ニーズ）	目標				援助内容					
	長期目標	（期間）	短期目標	（期間）	サービス内容	※1	サービス種別	※2	頻度	期間
風呂に入れていないので風呂に入りたい。	風呂に1人で入ることができる。	2018年1月～2018年12月	浴槽からの出入りが簡単な支援でできるようになる。	2018年1月～2018年6月	浴槽の出入りのためのリハビリを実施する。	○	通所リハビリテーション	A事業所	週2回	2018年1月1日～2018年6月30日
					浴槽の出入りのためのリハビリを受ける。		利用者		常時	2018年1月1日～2018年6月30日
					浴槽の出入りの際の簡単な支援を提供する。		家族		常時	2018年1月1日～2018年6月30日
					入浴介助の提供をする。	○	通所リハビリテーション	A事業所	常時	2018年1月1日～2018年6月30日
			浴槽の出入りが1人でできる。	2018年1月～2018年6月	浴槽の出入りのためのリハビリを実施する。	○	訪問リハビリテーション	B事業所	週2回	2018年1月1日～2018年6月30日
歩行状態がふらつくことなく1人で屋内の移動ができるようになりたい。	歩行器を使って屋内を1人でも転ぶことなく移動できる。	2018年1月～2018年12月			訪問時、浴槽の出入りのための運動をする。	○	訪問介護	C事業所	週1回	2018年1月1日～2018年6月30日
			歩行状態が安定する。	2018年1月～2018年6月	天気のよい時に屋外を歩行器で散歩する。	○	訪問介護	C事業所	週1回	2018年1月1日～2018年6月30日
					歩行器のレンタル	○	福祉用具貸与	D事業所	常時	2018年1月1日～2018年6月30日

※1 「保険給付対象か否かの区分」について、保険給付対象内サービスについては○印を付す。
※2 「当該サービス提供を行う事業所」について記入する。

居宅サービス計画書(1)(第1表)

利用者の生活に対する意向

不適切な記載

利用者及び家族の生活に対する意向	利用者：家族に負担をかけることなく自宅で安心して暮らしていきたいと思っている。でも，風呂に入れないので風呂に入れるように手伝ってほしい。 家族（長男）：自分も妻も仕事のため，日中は留守になる。父も自分の身の回りのことが精いっぱいなので，父が無理をすることで共倒れにならないようにしてほしい。そのためにも，母にはトイレくらい自分で行ってほしい。

▶利用者の生活に対する意向が，「家族に負担をかけない」という記載になっています。

❌ 不適切な理由　主体が家族となっている

- 「家族に負担をかけない」という記載は，生活の主体が家族ということになります。生活の主体は利用者自身です。家族に負担をかけないことで，自分はどういう暮らしをしたいのかを明らかにする必要があります。このプランでは，そこまで踏み込んでいません。

修正方法　負担の中身を詳細にアセスメントする

- 「家族に与えてしまっている負担」は，利用者のどのような活動が，誰にとって，どのような負担となっていて，負担は解消・軽減できるものなのか，解消・軽減するためには何をすればよいのかを明らかにすることが必要となります。

生活の主体は利用者

× 家族に負担をかけない　ケアマネがすべきこと　○負担の中身を明らかにする　○解消できるか否か検討する　○解消するための方策を検討する

◎ 修正内容

- 夜遅くトイレへの移動に付き添ってもらっていて，妻やお嫁さんに負担をかけている。自分の足でトイレまでしっかりと移動できるようになり，付き添いのいらない状態になりたい。そのためにトイレまでしっかり歩行ができるように運動に取り組んでいきたい。

✌ ケアプラン点検で指摘される可能性

- 家族が感じている負担の具体的な内容は？
- その負担はどのくらい大きなものか？
- その負担を何とかしてほしいと思っているのは誰か？
- その負担感や実際の負担は，軽減したり解決したりできるものか？
- その負担の軽減や解決のために，利用者が主体的に取り組むことは何か？

不適切な記載

利用者及び家族の生活に対する意向	利用者：家族に負担をかけることなく自宅で安心して暮らしていきたいと思っている。でも，風呂に入れないので風呂に入れるように手伝ってほしい。
	家族（長男）：自分も妻も仕事のため，日中は留守になる。父も自分の身の回りのことが精いっぱいなので，父が無理をすることで共倒れにならないようにしてほしい。そのためにも，母にはトイレくらい自分で行ってほしい。

▶利用者の生活に対する意向が，「安心して暮らしたい」という記載になっています。

❌ 不適切な理由 「安心」というあいまいな表現が使われている

- 「安心する」「安心できる暮らし」は，人によって求めるものが異なります。重要なことは，異なる「安心の中身」をアセスメントで明らかにすることです。
- 利用者が語った言葉がすべてではありません。利用者が「安心」という言葉で何を求めているのか，「言葉の裏に込めている意思」を把握していくことがアセスメントをするということです（P.41参照）。

✏️ 修正方法 「安心」の状態，必要性をアセスメントする

- 「何がどうなれば安心できるか」を確認していきます。加えて「どうしてそうなることが必要なのか」も確認します。こうすることで「安心できる状態」「それが必要な理由」が明らかになります。
- 次の段階は，求めている状態に到達するための「方法（手段）」を考え，利用者に提示します。この時，手段の策定は「ブレーンストーミング方式」でかまいません。実現性などはほとんど考慮しなくてもよいので，可能性がある手段を提案します。利用者への提案は，方法の紹介，選択した時のメリットとデメリットをしっかり説明した上で，利用者に選択してもらうと共に，利用者自身が主体的に取り組むことを共有します。

安心の中身を明らかにする

× 安心して暮らす ○安心の中身を明らかにする
○安心を求める理由を確認する

🟢 修正内容

- これまで浴槽の出入りの際に，何度も転びそうになった。自分もそうだが，家族全員が転倒してけがをしたり，下手をしたら溺れてしまったりするようなことがあっては困るので，そのことを心配している。転んだり，溺れたりしないように浴槽の出入り動作を1人でできるようになりたい。それにより自分も家族も安心できると思う。そのため下肢の筋力をつけて，動きがよくなるように運動を頑張っていきたいと思う。

☝️ ケアプラン点検で指摘される可能性

- 利用者は，何がどうなれば安心と感じ取れるのか？
- なぜ利用者はそうなりたいと思っているのか？
- 利用者が安心できるためにはどのような方法があるか？

総合的な援助の方針

不適切な記載

統合的な援助の方針	自分1人でお風呂に入ることができるようになるお手伝いをしていきます。

▶総合的な援助の方針が,「自分1人で風呂に入れるように支援する」という記載になっています。

❌ 不適切な理由　要望の裏返しとなっている

- お風呂に入れないから入れるようにしてほしいというのは,単に利用者の要望を裏返しただけで,適切なアセスメントが行われていません(P.26参照)。ここは「利用者が1人で,こういう方法で入浴できるように」という目標と,それに到達するために,どのような支援を展開していくのかを示します。

📝 修正方法　お風呂に入りたい理由をアセスメントする

- アセスメントの出発点は,「なぜ利用者はお風呂に入りたいと思うのか」というところです。「お風呂に入れたら何をしたいか」「お風呂に入れなくて困っていることは何か」と質問し,お風呂に入りたい理由をアセスメントします。
- 風呂などの居住環境や利用者の入浴のための運動能力などのアセスメントは,上記の疑問に対するアセスメントの後に実施します。

理由と目標を明らかにする

× 自分1人で
お風呂に入れる
ように支援する

ケアマネが
すべきこと

○お風呂に入りたい理由を明らかにする
○お風呂に入ることで
　何をしたいのかを確認する
○お風呂に入るためのADLを評価する

⭕ 修正内容

- 利用者自身による下肢の筋力を強めていく活動を手助けし,浴槽の出入りの事故防止が可能となるような支援を提供していきます。

✌ ケアプラン点検で指摘される可能性

- 利用者が風呂に入れなくて困っていると表明していることは何か?
- 利用者が風呂に入れない原因として何が考えられるか?
- 利用者が感じている風呂に入れない原因は何か?
- 利用者が風呂に入れるようになれば何が手に入るか?
- 利用者が風呂に入れるようになるためには,どのような方法があるか?

居宅サービス計画書（2）（第2表）

生活全般の解決すべき課題

不適切な記載

生活全般の解決すべき課題（ニーズ）	目標			
	長期目標	（期間）	短期目標	（期間）
風呂に入れていないので風呂に入りたい。	風呂に1人で入ることができる。	2018年1月〜2018年12月	浴槽からの出入りが簡単な支援でできるようになる。	2018年1月〜2018年6月

▶生活全般の解決すべき課題が,「風呂に入れないから入れるようになりたい」という記載になっています。

❌ 不適切な理由　真のニーズとは言えない

- 「風呂に入れない」という言葉の裏にある「真のニーズ」を検討できていません。
- 課題（ニーズ）とは,「目標と現状との『差』を解消するために,利用者自身が取り組む」と意思表示したものです。課題の欄には,利用者自身が主体的に取り組むことと,目指していく「する活動」が表現されます。具体的には,「利用者自身がこういうことに取り組むことで,『する活動』を手に入れる」という表現となります（P.23参照）。

理由と目標を明らかにする

× 自分1人でお風呂に入れるように支援する ケアマネがすべきこと ○お風呂に入りたい理由を明らかにする
○お風呂に入ることで何をしたいのかを確認する
○お風呂に入るためのADLを評価する

📝 修正方法　利用者自身の手に入れたいことをアセスメントする

- 風呂に入れるようになるために,「利用者自身が主体的に取り組むこと」が「課題」となります。アセスメントでそれを明らかにする必要があります。
- 「風呂に入れなくて困っていること」の内容を具体的かつ詳細に分析し,風呂に入れるようになるために利用者が主体的に取り組むことを共有して,その結果を記載していきます。

⭕ 修正内容

- 風呂に入れないので不潔な状態で人の集まる場へ出かけることはできない。風呂に入ってきれいな状態で人の集まる場へ出かけて楽しんできたいと思う。だから風呂に入れるように,下肢の筋力を高める活動に取り組む。

👆 ケアプラン点検で指摘される可能性

- 利用者は風呂に入れさえすれば,満足な暮らしが実現できるのか？
- 利用者は風呂に入れてもらえるようになることを,ただ待っているだけなのか？

不適切な記載

歩行状態がふらつくことなく1人で屋内の移動ができるようになりたい。	歩行器を使って屋内を1人でも転ぶことなく移動できる。	2018年1月〜2018年12月	浴槽の出入りが1人でできる。	2018年1月〜2018年6月
			歩行状態が安定する。	2018年1月〜2018年6月

▶生活全般の解決すべき課題が,「歩行状態がふらつくことなく1人で屋内を歩けるようになりたい」という記載になっています。

❌不適切な理由　手段が目標となっている

- 「歩けるようになりたい」はニーズではありません。これは「デマンド（要望）」です。ニーズとして挙げられるものは,「実現可能なもの」に限定されます。「できるかできないか分からない,できたらベター」というものはニーズになりませんし,ニーズの欄に記入してはいけません。

　また,「屋内を歩ける」という表現では,歩く長さ（距離）が不明です。このままならば1mでも2〜3歩でも「ふらつかずに歩ければ」目標達成となります。「歩けるようになる」ということは,「移動の手段として歩くという方法を手に入れる」ということです。歩いて行きたい場所があって,そこでやりたいことがあるために歩けるようになるということです。「将来のしている活動」としてどこへ向かって,どのような歩行状態で移動しているのか,という姿をイメージできないものは目標とすることはできません（P.22参照）。

デマンドではなくニーズを導き出す

× 歩行状態が
ふらつくことなく
1人で屋内を歩ける
ようになりたい

ケアマネがすべきこと

○実現可能なものを導き出す
○手段を手に入れることで何を得たいのかを考える
○将来のしている活動をイメージする

🔧修正方法

- 「歩けるようになりたい」という思いに対して,「行きたいところがあり,そこに行くとやりたいことがある」と発想し,アセスメントします。つまり,「こういうことを・どこそこ（場所）に行ってやりたい。でも,現時点ではそこまで自力で移動することができないため,やりたいことが手に入らない状況になっている」ということです。
- 目的を達成することが優先されるため,必要な場所への移動手段を考えることはその次となります。つまり,移動方法については問わないということです。
- 次に,「その場所」に移動するためにどのような方法がよいかを選択します。ここで初めて「移動方法」に目を向けていくことになります。歩くのか,歩行器を使うのか,杖歩行なのか,車いすなのかは,「何のために」を明らかにした後に考えます。
- 移動方法においては,利用者の求めている場所までの移動が往復できることが目標となります。場所が明確になることで,移動のために必要な距離と移動ルートが分かり

ます。この移動過程の中で自力移動を阻害する環境が明確になれば，これらの阻害因子を解決するための「移動方法」と，それを可能にするために利用者自身が主体的に取り組むことが定まってきます。これがアセスメントの展開となります。

修正内容

- トイレまでT字杖を使って，1人でよろけたりしないで歩けるようになるために歩行の練習に取り組んでいく。

ケアプラン点検で指摘される可能性

- 利用者が歩けるようになったら行きたい場所はどこか把握しているか？
- 利用者はなぜその場所に行きたいと思っているのか？
- 利用者の行きたい場所への移動は，歩かなければ移動することはできないのか？

長期目標

不適切な記載

生活全般の解決すべき課題（ニーズ）	目標			
	長期目標	（期間）	短期目標	（期間）
風呂に入れていないので風呂に入りたい。	風呂に1人で入ることができる。	2018年1月～2018年12月	浴槽からの出入りが簡単な支援でできるようになる。	2018年1月～2018年6月

▶長期目標が，「風呂に1人で入ることができる」という記載になっています。

❌不適切な理由　具体的な活動が明らかにされていない

- 表現は悪いですが，浴槽の中に頭から飛び込むような方法でも目標達成となります。「風呂に1人で入る」という「具体的な活動」が明らかにされてこないと，「目標」とはなりません。

「する活動」を見える化

× 風呂に1人で入ることができる
- ○「する活動」をイメージする
- ○イメージがわかない場合は，不足する情報を明らかにする
- ○不足する情報を追加して「する活動」を完成させる

🔧修正方法 「する活動」を見える化する

- 例えば，浴槽をまたいでお風呂に入る，を目指したいのであれば，その姿をイメージし，「言葉（文字）」に変換し，浴槽をまたぐ過程を見える化します。
- イメージがわかない部分は情報が不足しているので，情報を追加してイメージを完成させていくことが必要です（P.24：図3参照）。

⭕修正内容

- 下肢の筋力を強くする活動を頑張ることで，浴槽の出入りの際にふらついたり，バランスを崩したりしてしまう状況がなくなるようにしたい。

👆ケアプラン点検で指摘される可能性

- 風呂に1人で入っている時，どのように動いて風呂に入っているのか？
- 利用者が1人で風呂に入れない理由として，介護者の介護力がどの程度関係しているのか？
- 利用者が1人で風呂に入れない理由として，風呂の居住環境がどの程度関係しているのか？
- 利用者が1人で風呂に入れるようになると判断した根拠は？

短期目標

> **不適切な記載**
>
> | 生活全般の解決すべき
課題（ニーズ） | 目標 | | | |
> |---|---|---|---|---|
> | | 長期目標 | （期間） | 短期目標 | （期間） |
> | 風呂に入れていないので風呂に入りたい。 | 風呂に1人で入ることができる。 | 2018年1月〜
2018年12月 | 浴槽からの出入りが簡単な支援でできるようになる。 | 2018年1月〜
2018年6月 |
>
> ▶短期目標が，「浴槽からの出入りが簡単な支援でできるようになる」という記載になっています。

❌ 不適切な理由　「する活動」がイメージできていない

- 「簡単な支援」とは，どのような支援なのでしょうか。この表記のままでは，簡単な支援をおのおのが勝手に解釈し，バラバラな支援が行われる可能性があります。プランに明確に示されていないので，それで問題ないということになりますが，これでは支援として成り立ちません。「簡単な支援」の中身を表現する（例えば「支える」「手順の声かけをする」など）ことができなければ，計画としては成り立ちません。

- このような計画となる原因は，前述した「する活動」のイメージが作られていないからです。長期目標を達成した時の「する活動」を具体的かつ詳細にどのような手順で活動しているかを明らかにします。そして，短期目標の設定には，その活動を達成できる条件を考えていくことが必要となります。

あいまいな表現ではなく具体的に表現する

× 簡単な支援でできるようになる　ケアマネがすべきこと　○「簡単な支援」を具体的な内容に言い換える
○チームで支援の内容を共有する

🛠 修正方法

- 短期目標の修正だけでは解決できないかもしれません。前述のように，長期目標としての「する活動」が見える化され，表現されていることが短期目標を適切に設定する条件となります。
- この時，早く整える必要がある条件から優先的に設定をして，支援を展開することとなります。

⭕ 修正内容

- 浴槽をまたぐ時に転倒などの事故がないように，動作手順やつかまる場所などを見守り程度のかかわりで実行できる。

✌ ケアプラン点検で指摘される可能性

- 簡単な介助とは具体的にどのような介助なのか？
- その具体的な介助を受けて，利用者はどういう動作で風呂に入っていると想像できるか？

サービス内容

不適切な記載

サービス内容	※1	援助内容 サービス種別	※2	頻度	期間
浴槽の出入りのためのリハビリを実施する。	○	通所リハビリテーション	A事業所	週2回	2018年1月1日～2018年6月30日
浴槽の出入りのためのリハビリを		利用者		常時	2018年1月1日～

▶サービス内容が，「浴槽の出入りのためのリハビリを実施する」という記載になっています。

❌ 不適切な理由　利用者が主体となっていない

- 「リハビリは専門職がやること」と考えているので，他の支援者（家族を含む）がリハビリに一切かかわらない計画になっています。
- 利用者は「リハビリを受ける」という立場ではありません。利用者は「リハビリを自分で実施する」という立場にある人です。リハビリの専門職の役割は，利用者が適切な方法でリハビリを実施する手助けをして，リハビリの効果をモニタリングし，結果を評価していくことです。また，そうしていくことで，計画の中に「利用者自身の取り組み」が位置づけられていくことになります。

具体的には，この計画では週に2回，1回20分×2セット，つまり週に80分間リハビリをすることになります。1週間は168時間（10,080分）です。そのうち毎日8時間（60×8×7＝3,360分）寝たとします。このプランで実施しているリハビリは起きている時間（10,080－3,360＝6,720）6,720分の中の80分でしかありません。1週間のうち，起きている時間の約1％にすぎません。そのようなリハビリを実行して，6カ月で求めている効果が得られるでしょうか。そんなに物事はうまく進みません。わずかな時間のリハビリで効果が出ていれば，今日では要介護者の数はかなり少なくなっているはずです。

リハビリの主体は支援者ではなく利用者

× リハビリを実施する ○リハビリの主体は利用者であると考える
○リハビリ専門職，サービス事業者，本人，家族それぞれが何をすべきかを調整する

🔧 修正方法　支援チームの役割を確認する

- 1日の活動の中で，「浴槽をまたぐために必要となる運動」に役立つ生活動作をリハビリの機会や，それ以外でどれだけ多く得るかを考えていく必要があります。介護支援専門員はそれをどのように利用者自身が実行するのか，そして支援者がどうやって手助けしていくのかについて確認します。そのためには，リハビリ専門職が計画を作成し，支援者に指導をした上で，それぞれの役割を果たし，効果測定・評価していく支援を組み立て，チームケアを実践します。

🟢 修正内容

具体的な修正としては，次のような例が考えられます。

サービス内容	担当者
指導に沿ったリハビリを毎日定期的に実行する。	利用者
利用者が実施する日々のリハビリについて，危険性を回避するための見守りや正しい動作となるような声かけをする。 めげそうになる利用者を励ます。	家族
「利用者がすべきこと，家族がかかわるべきこと，介護職員がかかわれるような内容にすること」という条件を充たしたリハビリ計画を作成する。関係者指導。モニタリング。評価。	訪問リハビリテーション 理学療法士
計画に沿った個別機能訓練を実施する。	通所リハビリテーション リハ専門職
計画に沿った身体介護を提供する。	通所リハビリテーション 介護職員 訪問介護事業所

注：通所介護および訪問介護に関しては「生活機能向上連携加算」の算定も可能になりますので，実際の算定には事業所との協議もしくは担当者会議の中での協議が必要となります。

☝ ケアプラン点検で指摘される可能性

- リハビリをする人は誰か？
- リハビリの専門職の役割とは何か？
- そもそもリハビリの定義とは何か？
- 訪問介護がリハビリに参加できるようにするための方法は？
- １週間に２回通所リハビリテーションを利用し，１回に20分×２回リハビリを実施した時，１週間の中で何％リハビリを実施したことになると思うか？（１日８時間寝ていると仮定してみたら）
- 利用者がリハビリの機会をもっと増やすためには，どのような方法が考えられるか？

不適切な記載

浴槽の出入りのためのリハビリを実施する。	○	訪問リハビリテーション	B事業所	週2回	2018年1月1日〜2018年6月30日
訪問時，浴槽の出入りのための運動をする。	○	訪問介護	C事業所	週1回	2018年1月1日〜2018年6月30日
天気のよい時に屋外を歩行器で散歩する。	○	訪問介護	C事業所	週1回	2018年1月1日〜2018年6月30日
歩行器のレンタル	○	福祉用具貸与	D事業所	常時	2018年1月1日〜2018年6月30日

▶ サービス内容に，「福祉用具貸与が必要な理由」が記載されていません。

❌ 不適切な理由　福祉用具貸与が必要な理由が記載されていない
- 運営基準第13条第22号の違反です。

🔧 修正方法
- まず運営基準をしっかり理解することです。
- その上で担当者会議の中で福祉用具貸与が必要な理由を議題として設定し，担当者間で必要性を協議することです。
- その協議結果を担当者会議記録に記載すると共に，その内容を居宅サービス計画書に転記すれば，さらによいものとなります。
- この時「分かりやすさ」を重視するのであれば，この理由は第2表の中に記載した方がベターです。

⭕ 修正内容
- 歩行器の必要性：現在の歩行状態ではバランスを保つことが難しいため，歩行の自立度の向上と，それに伴う活動の際の転倒などの事故予防のためには，歩行器が不可欠な道具である。

✌ ケアプラン点検で指摘される可能性
- 担当者会議の中で福祉用具貸与の必要性について，どのような議論が行われているか？
- 運営基準第13条第22号の内容を知っているか？

不適切な記載

浴槽の出入りのためのリハビリを実施する。	○	訪問リハビリテーション	B事業所	週2回	2018年1月1日～2018年6月30日
訪問時，浴槽の出入りのための運動をする。	○	訪問介護	C事業所	週1回	2018年1月1日～2018年6月30日
天気のよい時に屋外を歩行器で散歩する。	○	訪問介護	C事業所	週1回	2018年1月1日～2018年6月30日
歩行器のレンタル	○	福祉用具貸与	D事業所	常時	2018年1月1日～2018年6月30日

▶サービス内容が，「訪問時，浴槽の出入りのための運動をする」という記載になっています。

❌ 不適切な理由　訪問介護では認められないサービスが記載されている

- 訪問介護の支援については，「老計第10号」という通知で指定訪問介護の内容が厳密に指定されています。その中に「運動」「浴槽の出入りのための運動」という項目はありません。つまり，この支援は「指定訪問介護」として実施することができません。

修正方法

- これは訪問介護の支援内容の変更だけでは終わりません。リハビリの内容も併せて変更しなければなりません。
- 訪問介護が提供できる支援内容は，「身体介護」と「生活援助」がベースです。そのため訪問介護がリハビリに参加していこうとすると，支援内容は「身体介護」の範疇の支援の中で，ということが絶対条件になります。
- 訪問介護が実施する身体介護の具体的な提供方法は，「リハビリの観点から，効果が得られるもの」として身体介護が実施されることが必要となります。
- そのための具体的な方法は，リハビリ専門職とサービス提供責任者との間で協議をした上で，リハビリ専門職が計画化し，それを訪問介護の個別サービス計画に取り組む形で実践されていくことが必要です。
- 介護支援専門員は居宅サービス計画の中で，第2表のサービス内容に上記のことを組み入れていくことになります。
- このような支援を構築していくと，「生活機能向上連携加算」の算定が可能になります。

修正内容

- 立ち上がり時や歩行開始の場面の身体介護の際，下肢にしっかりと荷重をかけて立ち上がりの動作介助をし，歩行開始時には一つひとつの動作をゆっくりと荷重をかけて行うように，見守りや必要に応じて声かけをする。

ケアプラン点検で指摘される可能性

- 訪問介護が提供できる支援は何か？
- 訪問介護がリハビリに参加するためにはどのような方法があるか？
- 訪問介護がリハビリに参加できる方法が確立したら，その方法は他の支援にどのように応用することができるようになるか？

不適切な記載

浴槽の出入りのためのリハビリを実施する。	○	訪問リハビリテーション	B事業所	週2回	2018年1月1日～2018年6月30日
訪問時，浴槽の出入りのための運動をする。	○	訪問介護	C事業所	週1回	2018年1月1日～2018年6月30日
天気のよい時に屋外を歩行器で散歩する。	○	訪問介護	C事業所	週1回	2018年1月1日～2018年6月30日
歩行器のレンタル	○	福祉用具貸与	D事業所	常時	2018年1月1日～2018年6月30日

▶サービス内容が，「天気のよい時に屋外を歩行器で散歩する」という記載になっています。

❌ 不適切な理由　天候に左右されるようなサービス内容になっている

● 天気が悪かった時の対応が考えられていないのは，支援としては不適切です。

修正方法

● このような支援を考えるのであれば，天気が悪い場合の対応も同時に考えるべきです。
● それよりも天気に関係なく，目標が達成できるだけの支援も併せて考えることが必要です。

条件が揃わないと実行できないサービスは避ける

× 天気のよい時に屋外を歩行器で散歩する ○天気が悪い場合のサービスも考慮する
○天気に左右されない支援内容も検討する

⭕ 修正内容

● 雨天時には屋内で玄関の上がり框の上り下りをする。
● 雨天時には室内で筋力向上の自主運動をする。

ケアプラン点検で指摘される可能性

● 天気が悪い時にはこの支援はどうするのか？
● この支援によって獲得する目的は，天気が悪いと目標を達成できないのか？

不適切な記載

サービス内容	※1	サービス種別	※2	頻度	期間
浴槽の出入りのためのリハビリを実施する。	○	通所リハビリテーション	A事業所	週2回	2018年1月1日～2018年6月30日
入浴介助の提供をする。	○	通所リハビリテーション	A事業所	常時	2018年1月1日～2018年6月30日
浴槽の出入りのためのリハビリを実施する。	○	訪問リハビリテーション	B事業所	週2回	2018年1月1日～2018年6月30日

(援助内容)

▶計画に,「通所リハビリテーションと訪問リハビリテーションが位置づけられている」内容となっています。

❌ 不適切な理由 通所リハビリテーションと訪問リハビリテーションが併記されているが,その根拠が明確ではない

- 単に「併用」の問題ではありません。併用は基本から外れる形ではありますが,必要性を説明できれば問題とはなりません。
- ここで不適切としている理由は,異なる2つの事業所のリハビリ専門職がかかわっているからです。各々の専門職が,リハビリテーション計画を立案しています。この「2つのリハビリテーション計画」は,連携が取れて計画が作成されていくわけではありません。

修正方法

- このような場合,どちらの事業所の専門職がリーダーシップをとるのか,1つの事業所に限定するのかを検討します。どうしても複数の同一支援内容を提供する専門職のかかわりが必要ならば,リーダーを明確にした専門的支援や連携が取れている支援体制を構築することが介護支援専門員には求められます。

通所リハと訪問リハを併用する場合は,連携が取れているか確認する

- 2つの事業所がかかわる場合は,連携が取れているか確認する
- 通所リハビリテーションと訪問リハビリテーションを併記する場合は,根拠を明らかにする

修正内容

- リハビリテーション計画の作成は,訪問リハビリテーションの専門職の役割とします。
- 通所リハビリテーションでは,計画に沿ってリハビリの指導を実施してください。

ケアプラン点検で指摘される可能性

- 通所リハビリテーションと訪問リハビリテーションで,異なる目標や方向性,方法でリハビリを提供しても問題にならないのか?
- 例えば,通所リハビリテーションで実施するリハビリが,訪問リハビリテーションで実施するリハビリにとってマイナスに作用するとしたら,どう対処していこうと考えているか?

週間サービス計画表（第3表）

　週間計画表は，利用者の生活活動を尊重して支援のスケジュールを設定すること，利用者の生活活動を可能な限り変動しないように支援のスケジュールを設定することが必要で，それを確認していくことに意義があります。

　また，利用者の1日・1週間の生活のスケジュールを確認していくことで，利用者の日々の暮らし方や大切にしている活動などが見えてくる場合も少なくありません。ただ単に，支援スケジュールの設定のための帳票とは考えないようにしましょう。

モデル計画2

　モデル計画2は，モデル計画1とほぼ同じ内容の支援に対して，より適切な基準に適合するように記載したものです。両者の違いを確認してみてください。

居宅サービス計画書（1）

作成年月日 2017年11月30日

(初回)・紹介・継続　　(認定済)・申請中

第1表

利用者名　B　殿　　生年月日　1935年○月○日　　住所　○○○○

居宅サービス計画作成者氏名　中村雅彦

居宅介護支援事業者・事業所名及び所在地　北アルプス医療センターあづみ病院　○○○○

居宅サービス計画作成（変更）日　2017年11月30日　　初回居宅サービス計画作成日　2014年2月14日

認定日　2017年11月13日　　認定の有効期間　2017年10月16日～2018年10月31日

要介護状態区分	要介護1 ・ 要介護2 ・ 要介護3 ・ (要介護4) ・ 要介護5

利用者及び家族の意見及びサービスの種類の指定	利用者：車いすへの移乗は、妻の見守りの中で、何とか移れるようになった。今度は、妻による着脱衣の介助を受け、ポータブルトイレでの排泄が自分でできるようになりたい。そのため、指導に従いながらリハビリを続けていく。 家族（妻）：排泄の感覚がよくわからないこともあるが、できるだけポータブルトイレで排泄することができるように、リハビリの指導に従って介助をして、応援していきたいと思っている。
介護認定審査会の意見及びサービスの種類の指定	なし
総合的な援助の方針	ポータブルトイレで排泄が可能になるように、かつ介護者にとって過度の負担とならないようにしながら、リハビリを続けていくことができるように支援を提供していきます。
生活援助中心型の算定理由	1. 一人暮らし　2. 家族等が障害、疾病等　3. その他（　　　　）

居宅サービス計画について説明を受け、内容に同意し交付を受けました。　説明・同意日　2017年11月30日　利用者同意欄　B　㊞

第2表

利用者氏名　B　殿　　　　　　　　　　　　　　　　　　　　　　作成年月日　2017年11月30日

居宅サービス計画書（2）

生活全般の解決すべき課題（ニーズ）	目標				援助内容				
	長期目標	（期間）	短期目標	（期間）	サービス内容	※1	サービス種別	※2	頻度	期間
ポータブルトイレで排泄できるようにリハビリの指導を受け、それに沿ったリハビリを続けていく。	専門職がいる環境の中で、ポータブルトイレで排泄することができる。	2017年11月〜2018年10月	ポータブルトイレで排泄するために、着脱衣の間つかまりながら立位保持ができる。	2017年11月〜2018年6月	立位保持のためのリハビリのメニュー作成（短期集中リハ加算の対象、短期集中リハ期間超過後は、リハマネ加算の対象として実施）。	○	訪問リハビリテーション理学療法士	A事業所	週2回	2017年12月1日〜2018年4月30日
					リハビリメニューに沿って、立位保持練習をする。		利用者		常時	2017年12月1日〜2018年10月31日
					見守りの際、リハビリメニューに定めた注意点などの確認や声かけをする。		家族		常時	2017年12月1日〜2018年10月31日
						○	通所介護スタッフ	B事業所	週2回	2017年12月2日〜2018年10月30日
						○	訪問介護	C事業所	週4回	2017年12月1日〜2018年10月31日
					メニューに沿って介護を提供する。	○	通所介護スタッフ	B事業所	週3回	2017年12月2日〜2018年10月30日
						○	訪問介護	C事業所	週4回	2017年12月1日〜2018年10月31日

※1　「保険給付対象か否かの区分」について、保険給付対象内サービスについては○印を付す。
※2　「当該サービス提供を行う事業所」について記入する。

利用者の生活に対する意向

利用者及び家族の生活に対する意向	利用者：車いすへの移乗は，妻の見守りの中で，何とか移れるようになった。今度は，妻による着脱衣の介助を受け，ポータブルトイレでの排泄が自分でできるようになりたい。そのため，指導に従いながらリハビリを続けていく。 家族（妻）：排泄の感覚がよく分からないこともあるが，できるだけポータブルトイレで排泄することができるように，リハビリの指導に従って介助をして，応援していきたいと思っている。

　どのような暮らしが実現できれば利用者が満足できるのか，具体的な「排泄動作」が見えてくるような記述になっています。利用者，家族，介護支援専門員が「見えている姿」をすり合わせることにより，「共有」できます。共有することができて初めて「言語化（文字で表現できる）」でき，この共有した「姿（活動）」が最終到達目標となります。

　また，「利用者が主役」であるということがより明確になっています。利用者自身が支援を受けながら，「こういう暮らしを手に入れる」ということがはっきりと位置づけられることにより，利用者は「支援を受けるだけ」という存在ではなく，「自分が求めていることを支援者も応援してくれる」という関係性を作り上げていくことができます。そして，利用者自身のモチベーションも高まり，それが結果に結びつくこととなります。

家族の生活に対する意向

利用者及び家族の生活に対する意向	利用者：車いすへの移乗は，妻の見守りの中で，何とか移れるようになった。今度は，妻による着脱衣の介助を受け，ポータブルトイレでの排泄が自分でできるようになりたい。そのためのリハビリを，指導に従いながら続けていく。 家族（妻）：排泄の感覚がよく分からないこともあるが，できるだけポータブルトイレで排泄することができるように，リハビリの指導に従って介助をして，応援していきたいと思っている。

　例えば，利用者の求めていることが実現されると，家族としてとても負担がかかってしまうような状況であれば，家族としてその状態は適切なものとは言えなくなります。それを避けるためにも家族が利用者の意向をどのように評価し，どのように協力しようとしているかを記載することが大切になります。

総合的な援助の方針

統合的な援助の方針	ポータブルトイレで排泄が可能になるように，かつ介護者にとって過度の負担とならないようにしながら，リハビリを続けていくことができるように支援を提供していきます。

　計画全体がどういう方針で展開されていくのかが記載されていなければなりません。また，計画書の中で，介護支援専門員が主体となって表現される唯一の記入欄です。

生活全般の解決すべき課題（ニーズ）

生活全般の解決すべき課題（ニーズ）	目標			
	長期目標	（期間）	短期目標	（期間）
ポータブルトイレで排泄することができるようになるためにリハビリの指導を受け，指導に沿ったリハビリを続けていく。	専門職がいる環境の中で，ポータブルトイレで排泄することができる。	2017年11月～2018年10月	ポータブルトイレで排泄するために，着脱衣の間つかまりながら立位保持ができる。	2017年11月～2018年6月

　目的とするものを得るために，自分が何に取り組み，何を得るかが記載されていることが必要です。この「利用者自身が取り組むこと」が出発点になります。それを出発点として，セルフケアを高める支援，セルフケアを補う支援を展開していきます。

　その際，「課題」は支援全体が円滑に進むためのエネルギー源となります。介護支援専門員は支援者に，「課題」を明確に示しておくことが必要となります。

長期目標

生活全般の解決すべき課題（ニーズ）	目標			
	長期目標	（期間）	短期目標	（期間）
ポータブルトイレで排泄することができるようになるためにリハビリの指導を受け，指導に沿ったリハビリを続けていく。	**専門職がいる環境の中で，ポータブルトイレで排泄することができる。**	2017年11月～2018年10月	ポータブルトイレで排泄するために，着脱衣の間つかまりながら立位保持ができる。	2017年11月～2018年6月

　利用者が取り組みを続けることで獲得できる活動，「する活動」が表現されていることが必要です。その活動は，誰が読んでも「どのような活動状況になっているか」が分かるような表現でなければなりません。

　また，その目標は客観的な評価（支援者の視点）だけではなく，主観的評価（利用者の視点）ができるように表現することも必要になります。

短期目標

生活全般の解決すべき課題（ニーズ）	目標			
	長期目標	（期間）	短期目標	（期間）
ポータブルトイレで排泄することができるようになるためにリハビリの指導を受け，指導に沿ったリハビリを続けていく。	専門職がいる環境の中で，ポータブルトイレで排泄することができる。	2017年11月～2018年10月	**ポータブルトイレで排泄するために，着脱衣の間つかまりながら立位保持ができる。**	2017年11月～2018年6月

　長期目標達成のために必要な段階的な目標が短期目標となります。モデル計画2では「専門職がいる環境の中で，ポータブルトイレで排泄することができる」ということを達成する第一歩が，「着脱衣の間つかまりながら立位保持ができる」となります。

　そして，原案作成時に，「何段階くらいの短期目標をクリアすれば長期目標が達成できるか」ということを考察しておくことが必要です。

　モデル計画2では短期目標を1つ設定していますが，支援開始当初の場合には，「長期目標を達成するための整えるべき条件」という意味で，複数の短期目標を設定するこ

とが必要となる場合があります。例えば環境の整備として，居住環境の整備（福祉用具の設定や動線の確定），介護環境の整備（介護者の介護力の強化），健康状態の維持（医療系の処置）などの「これから介護を展開していくための土台づくり」としての「条件整備」を必要としていることが少なくないからです。これらを土台として確立し，そこに「次の条件」を追加していく形での支援の展開も重要になっていきます。

サービス内容

サービス内容	※1	サービス種別	※2	頻度	期間
立位保持のためのリハビリのメニュー作成（短期集中リハ加算の対象，短期集中リハ期間超過後は，リハマネ加算の対象として実施）。	○	訪問リハビリテーション 理学療法士	A事業所	週2回	2017年12月1日～2018年4月30日
リハビリメニューに沿って，立位保持練習をする。		利用者		常時	2017年12月1日～2018年10月31日
見守りの際，リハビリメニューに定めた注意点などの確認や声かけをする。		家族		常時	2017年12月1日～2018年10月31日
	○	通所介護スタッフ	B事業所	週2回	2017年12月2日～2018年10月30日
	○	訪問介護	C事業所	週4回	2017年12月1日～2018年10月31日
メニューに沿って介護を提供する。	○	通所介護スタッフ	B事業所	週3回	2017年12月2日～2018年10月30日
	○	訪問介護	C事業所	週4回	2017年12月1日～2018年10月31日

　リハビリをする利用者を，家族も含めた支援者全体がどうサポートしていくのか，そのサポートの役割分担を定めた形を作っています。「1つの目標に対して多くの専門職がかかわる支援体制」，つまり「一対多」という関係性を作ることがチームケアの形になります。

　今回は「リハビリ」が支援になりますので，リーダーはリハビリ専門職となります。よって日常生活場面であれば，訪問介護がリーダーとなる場合も出てきます。この役割分担を計画書に「言語化」することで，支援者だけでなく利用者や家族にも「伝えていく」ことが求められています。

　ケアプラン点検においては「一対一」の計画となっていることが多いのですが，1つの目標を単独のサービス『だけ』で目標達成することは，かなりの困難であることを理解しなければなりません。

総体的にみて

　モデル計画2では，モデル計画1よりも，より具体的に何をするのかが表現されています。計画書は，利用者の満足する生活が完成するためのいわば「設計図」です。だからこそ具体的な表現ができていないと，将来の展望が困難となってしまいます。

　計画書を見て，利用者が「これなら頑張っていくことができる」という思いを持ち，その支援を受けた結果，「この次も頑張っていくことができる」という思いを持ち続けていくことができるような「結果を伴う設計図」の作成が，適切な支援であると言っても過言ではないと思っています。

また計画作成段階において，どう表現したらよいのか迷うことも多いと思います。そのような時には利用者に計画書を見せながら，「この欄にはこういう内容を記載することになっているので，ここにはこんな内容を記載したいがどうか？」と確認を取って，その内容を要約したりしながら記載していくと，表現に困ることも少なくなるでしょう。

不適切な計画書の記載例

　その他の代表的な例として，「不適切な計画書の記載例」を示します。

生活の意向として不適切な記載例

記載内容	不適切な理由
自宅でできるだけ長く暮らしたい	場所と時間という「2つの基準」が設定されてしまっている
家族に迷惑をかけずに過ごしたい	主役が誰であるかを間違えている
畑仕事を復活したい	畑仕事の中身（内容）が明確でない
歩けるようになりたい，風呂に入れなくて困っている	利用者から表出された「言葉」を意向と勘違いしている
自宅で安全に快適に暮らしたい	「生活の意向」＝「利用者が満足することができる暮らし方」であることを理解していない
～と思われる	作成者の思い込み。利用者に確認をしないまま作成している
～であることが望ましい	作成者の価値観を押し付けている

生活の課題として不適切な記載例

記載内容	不適切な理由
風呂に入れるようになりたい	これは利用者の要望，課題としては不適切
歩けるようになりたい	歩くのは移動手段の一つであり，課題にはならない
デイサービスに行ってリハビリを受けたい	サービス優先の考え方で，リハビリは「してもらうもの」ではない
～までしか歩行できない	目標とする所まで歩けていないというのは「問題」を意味する。この場合，問題と課題を間違えている

記載内容	不適切な理由
病気や障害によって○○できないので，○○できるようになりたい	病気や障害はなくならない
風呂に入れないから入れるようになりたい	顕在化されている状況や言葉を裏返ししただけ
病気や障害が今よりも悪くならないようにしたい	利用者自らが取り組むことが含まれていない
適宜運動する	何を目指しているか全く不明。「する活動」が表現されていない
自宅でできるだけ長く暮らしたい	自宅でどのようなADLやIADLを実行して暮らしているかが表現されていない

長期・短期目標として不適切な記載例

記載内容	不適切な理由
風呂に入れる	風呂に入れば達成となるのか，何のために風呂に入りたいのかが明らかになっていない
病気をすることなく過ごせる	病気をしないということは現実的ではない。風邪を引いただけでも，もう目標達成できないという結果になってしまう
デイサービスで楽しく過ごせる	目標が不明瞭。デイサービスだけで楽しく過ごせればよいのか
温かい食事を3回食べられる	食べる物に事欠いている状況でしか適用されない
デイサービスに行って他の利用者と会話を楽しむことができる	何がどうなれば達成したと評価できるかが不明。評価基準とするものが「主観的な基準」となっている

サービス内容として不適切な記載例

記載内容	不適切な理由
通所リハでリハビリをしてもらう	リハビリは「利用者自身がするもの」，通所リハでなければできないのか
ヘルパー訪問時にもリハビリをしてもらう	ヘルパーがリハビリをしたら違法行為となる
デイサービス利用送迎・入浴あり	入浴は「サービス内容」に記載しなくてもよい。デイサービスの担う役割を記載する

> ケアプラン点検こぼれ話

上の絶対的な指示でケアマネジメントを行う

　本来あってはならないのですが，経営者などから併設サービスの利用を強いられているような場合に，事業所の選択根拠の説明を求められた時などは答えに窮してしまいます。稀に「上からの絶対的な指示です」と返答されることがありますが，返答を受けた方も対処に困ってしまいます。筆者はこのような場合は，「こういうことだそうですので，後はよろしくお願いします」と言って，速やかに同席している保険者にバトンをパスします。

　点検者は，ケアマネジメント上の項目に関しては指導をする権限がありますが，それ以外の指導権限はありません。もしそのような返答があった場合や，介護支援専門員がこのような経営者などからの圧力を解消してほしいと願って，あえてこのような回答をされたとしても対処することができません。そのため，その後の対処は指導権を持つ保険者に一任するしかありません。

批判を避ける点検者もいる

　点検者は，必要な条件，行動を提示し，介護支援専門員の行動を確認した上で，修正を促します。そのため，ともすると「上から目線」「押しつけ」「一方的」という批判を浴びることにつながります。点検者がこのような批判を避けようとして，かなり下手に出たり，遠慮したりすることがありますが，そのことがかえって混乱を招き，余計にわけの分からない点検となってしまうことがあります。

被点検者の考える力が低下する

　ケアプラン点検では，考え方，方法論，実際の調整などを「手取り足取り」で指導されます。このようなことが続くと，自分で考えなくても必要なものが手に入ってしまうので，指導を受ける介護支援専門員は考える力が低下していきます。そうなると介護支援専門員は「答え」を与えられることが当たり前となり，さらに求めているものが手に入らなければ満足できない状況となり，際限ない「欲求」へとつながっていきます。

ケアプラン点検の基本は自身で課題に気づくこと

　ケアプラン点検において，点検者が「ここが重要だから，ここに気持ちと目を向けなさい」と言ったところで，気づきを得るどころか，何も起こらない上に，変化しません。ケアプラン点検の基本は，被点検者である介護支援専門員が課題に気づくことです。

　そのためには，日頃から，自立支援に向けて利用者の満足する暮らしを実現するために，より良い方法論や実践方法はないかということを意識することが重要です。

Q&A

ケアプラン点検における質問と回答例

Q1　利用者の生活の意向をこのように定めた理由を教えてください。

A　利用者のお宅を最初に訪問した時，座敷や居間にたくさんの写真や絵が飾られていました。尋ねてみると，利用者が若い頃から趣味で写真を撮ることや絵を描くことが好きだったと教えていただきました。それについて利用者と話を進めた時，「今の自分の状態では山に行ったりして写真を撮ることは難しいが，家の周りの草花などの写真を撮って額装して飾りたいし，屋外移動の手伝いがあれば写真が撮れると思う」という話をしました。
写真を撮るためには屋外で長時間，車いすなどで過ごすことが必要になると思いますが，車いすで過ごす体力をつけるため，写真を撮りやすくするためにリハビリに意欲がみられました。それを基に生活の意向をまとめ，利用者と共有しました。

Q2　ご家族は利用者の生活の意向に対して，どのように協力したいと表明されていますか？

A　ご家族は利用者の生活の意向に対して「初めて聞いた」と驚かれていましたが，これまであまり自己主張のない，悪く言えば他者の言いなりとなることが多かった母がはっきりと自分の思い描いていることを表明したので，家族としてもその実現にできるだけの支援をしていきたいと意思表示されました。その意思を「家族の生活に対する意向」としてまとめ，それに対して家族からも合意を得ています。

Q3　長期目標期間が1年間と設定されている理由や，1年間必要であると判断した根拠を教えてください。

A　この計画は退院時に，入院医療機関でアセスメントした情報に基づいて作成しています。退院前のアセスメント段階で，医療機関の理学療法士や作業療法士とも協議をして，この目標であればその達成のためには1年くらいの時間は必要となると思われると助言を得て，その助言を根拠として1年と設定しました。

Q4　総合的援助方針では現状を維持していくという方向性を示しているが，目標は短期も長期も現状を改善する目標設定となっています。支援の方向性は改善なのですか，維持なのですか？

A 全体としては維持していくという方向性ですが，そのためには現在の活動の中で長期目標として設定している活動状況が得られている（達成できている）ことが必要だと判断しました。短期目標も長期目標の達成のためには，より小さな活動状況を目標としている姿へと改善することが必要だと判断しました。また，それが可能であることは，リハビリ専門職からも指導を受けました。しかし，方向性としては当面の長期目標が改善することを目指しているので，支援の方向性も改善とすべきだと思います。

Q5 第2表のサービス提供事業所には併設の事業所しか位置づけられていないが，併設事業所を位置づけた根拠を教えてください。

A この利用者への支援については，主治医から状況の変化が容易に発生するという指導を受けています。容易な状況の変化に速やかに対応し，必要な支援を必要な時に速やかに利用者に提供するためには，併設事業所を活用して調整や連絡に関するタイムラグを少しでも減らすことが必要だと考えました。

Q6 リハビリのサービス内容に対して，訪問看護を位置づけているが，その根拠を教えてください。

A 訪問リハビリ事業所と訪問看護ステーションと協議をした結果，訪問看護からのリハビリ専門職派遣を位置づけた場合には，指示医による指示書の有効期間が6カ月となります。この利用者は家族関係が希薄で通院などの協力がなかなか得られないため，少しでも利用者や家族の負担を減らす意味も込めて，訪問看護ステーションからのリハビリ職の派遣とし，主治医からも了解を得ました。

Q7 通所介護の利用を火曜日と金曜日に設定している理由を教えてください。

A 通所介護事業所と「週2回利用」ということで曜日の選択をしました。しかし，週2回の確保が難しく，水・土の利用については土曜日は家族が休みのため一緒に過ごしたいということで，火・金を選択しました。この曜日優先で利用可能な事業所のうち，今回推薦した事業所が最もニーズ充足のために必要な支援ができると考え，この事業所に火曜日・金曜日利用で支援の依頼をしました。

Q8 居宅サービス計画に訪問看護が位置づけられていないが，もし仮に訪問看護を位置づけたとしたら，支援や利用者の生活はどのように変化すると思いますか？

A 仮定の質問に答えることは難しいですが，もし訪問看護を計画に位置づけたとしたら，家族の感じている利用者の健康保持に対する疑問や不安がもう少し軽減できるかもしれません。そのためには，日常生活上不可欠な生活支援を削らないと入れる

ことはできません。訪問看護を入れることで得られることと，入れることで失うことを天秤にかけた時，今は失うことが多いと判断しています。この判断を訪問看護ステーションの管理者にも提示して協議をしたら，管理者に賛成してもらえました。主治医にも確認して了解を得ました。

居宅サービス計画書の作成に関する疑問

Q1 サービス提供事業所から，サービス内容に実施しているサービス内容のすべてを記載してもらわないとサービス提供できないと言われますが，そのとおりにする必要はありますか？

A　その必要はありません。

サービス内容の欄は，「短期目標の達成のために，どのようなサービスをするか」を記載し，具体的・個別的な支援については個別サービス計画の中で表現します。

Q2 通所介護事業所から，入浴サービスについて居宅サービス計画書（第2表）に記載してもらわないといけないと言われますが，もしそうであれば他の加算のサービスもすべて第2表に記載する必要がありますか？

A　その必要はありません。

居宅サービス計画書は第1～3表だけではありません。利用表や提供表も居宅サービス計画書です。入浴加算や他の加算については，利用表や提供表の「予定」の欄に実施することを示す「1」が表記されているはずで，これをもって「居宅サービス計画書に記載されている」ことになります。

また，各種加算サービスについては，その必要性が計画原案作成段階で明確であれば，原案に加算サービスを使って何をすべきかが記載されることになります。

サービス担当者会議の中で検証の結果として必要となれば，原案に追加修正をすることになります。

Q3 特に利用者が安全に暮らしたいと表明しているのにもかかわらず，生活の意向の欄に「安心」「安全」などの文言を使ってはいけないと指導を受けましたが，なぜ使ってはいけないのでしょうか？

A　安心や安全という「主観に基づく言葉」は，その一言の中にさまざまな要素を含んでいるため適切ではありません。

安心とは「便利な言葉」です。「外やお風呂で転倒しない」「事故にあわない」「犯罪に巻き込まれない」などさまざまな要素が含まれます。

この場合，「利用者が何を必要としているか」ということが重要です。いくら利用

者が「安心して過ごしたい」と言っても，そのまま記載してはいけません。

Q4 利用者と家族の生活の意向が異なっていて，いくら調整しても一致しない場合，計画書にはどう記入したらよいでしょうか？

A **一致しないままでかまいません。この場合「そのまま」書き分けると共に，調整の過程などについては居宅支援経過記録に記載します。**

そもそも利用者の生活の意向と，家族の生活の意向は一致している（一致する）ものでしょうか。一致しているケースもありますが，それは常日頃から利用者と家族が将来どのような生活が実現できればよいのかを話し合って共有されているケースです。しかし，そのような家族は多くありません。つまり，「異なること」が「普通」であると考えることが必要です。

例えば，「自宅にいたい」という利用者に対して，「通所介護に行ってほしい」という家族がいるなど，それぞれに理由があるはずです。それを相互に確認し，思いを提示しながら，どうしていくかを考えてもらうような働きも必要となります。その上でお互いが納得できる着地点（妥協点）をまとめます。ここで初めて，両者の意向が一致する可能性が出てきます。

このような手順を踏んでもなお両者の意向の相違が埋められない場合は，「そのまま」意向の欄に記載してもかまいません。

Q5 利用者のニーズについて，利用者が「〜できないので〜できるようにしたい」と記載していたが，指導の中で不適切と指摘されました。どう記載すればよいのでしょうか？

A **「できないことの裏返し」がニーズではありません。「できないことができるようになると何が手に入るのか」を考えていくことで，「真のニーズ」に近づけていくことができます。**

利用者の「〜できない〜できるようにしたい」という表現は，できないことを裏返した（言い換えた）だけのものです。できないことが詳細に分析されていないため，アセスメントにより，ここを分析する必要があります。

ちなみに，「できない」には2種類あり，「将来的にみても不可能なこと」と「将来はできるようになる可能性のあること」に区分けされます。この違いを明確化してセスメントすることが大切です。

また，利用者が現在できないことがあって，それに対してどうしたいと思っているのか，あるいはできないことができるようになったらどうしたいのか，何を求めているのかを明らかにすることが支援の出発点となります。そこから利用者が求めているものを明確化していくことになるため，記載にあたっては，「できないことでこんなことに困っていて，それを解決して，こういうことを手に入れたい」という内容が表現されるとよいです。例えば「下肢筋力が低下して浴槽をまたぐことが難しくなってきているので，自分1人で浴槽をまたげるようになりたい」などと記載

しましょう。

〈ポイント〉
○できないことを詳細に分析する
○できるようになったらどういうことをしたいのかを確認する
○何を求めているのかを確認する

Q6 第2表の長期目標と短期目標の期間が同じになることはおかしいと言われましたが,なぜでしょうか?

A 短期目標は「一里塚」で,短期目標をいくつか実現した先に,長期目標の達成が可能になるからです。

支援の方向性が「改善する」である場合,時間の経過と共に利用者の状態像は改善されます。そう考えると,長期目標の達成に向けていくつかの短期目標を達成していくことになり,長期目標と短期目標の期間が同じになることはありません。ただし,長期目標の達成に必要な短期目標が,改善の場合の短期目標③の場合ならば,その支援の終了月は長期目標と同じであっても問題にはなりません。

また,支援の方向性が「維持する」である場合,長期目標は阻害因子が解消された状態として設定されます。短期目標はその過程の中で設定されていくことになるため,ここでも両者の期間が同じになることは原則としてあり得ません。

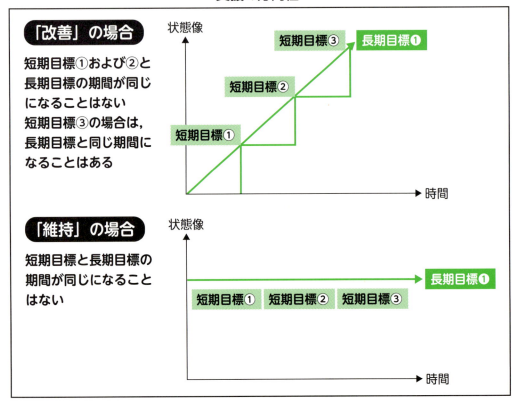

支援の方向性

Q7 サービス内容に「利用者や家族のするべき支援」も記載するように指導されましたが，どう記載すればよいのでしょうか？

A 課題（ニーズ）は，利用者だけが取り組んで解決できるわけではなく，利用者のもっと身近な支援者の協力を必要とするので，家族のすることを記載します。

支援の基本は，利用者自身の力で課題を解決することです。支援者は，利用者自身でそれができるように支援します。つまり，利用者は「支援の受け手」ではなく，利用者も支援の提供者として考える必要があるため，サービス内容に利用者自身がすることを記載しなければなりません。

また，課題（ニーズ）は「利用者が自ら取り組んで獲得したいこと」が設定されるので，ここで「利用者自身が自らのニーズ充足のために何をするか」が決まります。家族についても同様で，利用者だけで解決できない場合に，その不足している部分に対して，家族がどのような支援を提供するかを考え，それを記載することになります。

Q8 生活の意向の欄に利用者の言葉をそのまま記載するように指導を受け，そのようにしてきました。2回目の指導の際，利用者の言葉が長すぎて生活の意向が見えないと言われましたが，どうすればよいのでしょうか？

A 利用者の生活の意向として，共有したことを要約することが必要です。

2004年頃に，利用者の語られた言葉をそのまま書く必要があるという指導がありました。しかし，利用者が語った言葉をそのまま書くと，かなりの文字数となります。利用者の生活の意向の欄は，利用者が満足することができる暮らしという「目的」と，その目的が実現した時の「している活動」を表現することが必要になります。利用者の言葉をそのまま書くのではなく，利用者の「意思」を表現する（場合によっては内容の要約をしても可能）ことになります。

長野県の介護支援専門員の実務研修の中では，利用者の生活の意向を「100文字程度で表現する」ように指導しています。

Q9 総合的な援助方針と計画の内容に乖離があると言われましたが，どう修正したらよいのでしょうか？

A 計画ができた時は，まず読み返してみてください。そして，方向性と計画内容の整合性を自主点検してください。

総合的な援助方針は，利用者にとってどのような目的に向かって，どのように支援をしていくのかをまとめたものです。したがって，「ケアプランの内容全体の要約」として記載されるものになります。つまり，課題・目標設定・サービス内容は，目的を果たすために示されます。その方向性は第1表と第2表の間でも，第2表の中でも「統一されている」ことが求められます。例えば，援助方針が動作の自立を求めていく方向性なのに，支援内容は介助のままであれば，修正が必要です。「総合的な援助の方針」は，計画全体を振り返って「方向性を確立する」という手順が必

要になるため，計画書作成の最後に記載されることが望ましいです。

また，支援の方向性は「改善する」と「維持する」に区分けされるので，その区分けに応じた内容になっていなければなりません。これが実現できていないと「乖離」してしまうことになります。計画書ができあがったら一読し，自分が想定した方向性と計画書の記載内容が適合しているかを確認し，不整合部分があれば修正します。

Q10 認知症の利用者など，「自分の意思」を適切に表明することができない利用者に対して，どのようにケアプランを作成したらよいのでしょうか？

A　非言語的コミュニケーションを存分に活用します。それでも分からなければ，利用者の考えを最もよく理解している関係者に代弁してもらうことになります。

認知症の利用者などは言語的コミュニケーションを通じて，適切に自分の意思を表明することができません。そのため，生活の意向などについて利用者を通じて把握することができません。しかし，コミュニケーションには言語的コミュニケーションだけではなく，非言語的コミュニケーションもあります。認知症の利用者であっても，非言語的コミュニケーションを通じてかなりの「意思」を判断することが可能です。非言語的コミュニケーションなどを使ってもなお不明な部分がある時には，最終手段として「利用者のことを最もよく理解している関係者」と協議をしながら，利用者の意思を「代弁」してもらうことになります。この時留意することは，代弁した内容は推測の域を脱しないということです。したがって，代弁した内容＝推測した内容が適切なのかについては，モニタリングを通じてその妥当性を検証して，適切であることを確認して次のステップへ進みます。

Q11 居宅サービス計画の素案を作成し利用者や家族に提案したところ，素案に反対されました。どうしたらよいのでしょうか？

A　アセスメント過程で利用者や家族に確認を取り，了解を得て進めていきましょう。

居宅サービス計画作成のステップごと（例えば生活の意向，課題など）に利用者や家族とその内容を確認し，了解を得て作成していけば，素案完成の段階で反対され，ひっくり返されることはなくなります。

また，反対するからには理由があるはずなので，その理由を確認します。

Q12 長期目標・短期目標の記入について，「～できる」と記入できないケースがありますが，必ず「～できる」と記入しなければいけないのでしょうか？

A　そんなことはありません。「維持する」という目標もあります。

例えば，「近所のたばこ屋までたばこを買いに行くことができる」という設定は，今はまだ近所のたばこ屋まではたばこを買いに行くことはできないが，将来はたばこ屋までたばこを買いに行くことができるようになるという目標設定です。しかし，現在の活動状況を将来「より活動性の高い状況」に改善することが，すべての

利用者に可能になるわけではありません。

そうであれば、支援の方向性として「維持する」、つまり現在の状況を悪化させないということになります。現在「している活動」が将来も「している活動」のままでいる目標設定が可能になります。維持するという方向性の計画では、必ずしも「～できる」という表現にはならずに「続けている」という表現になります。

Q13 事業所の管理者から長期目標の期間は6カ月、短期目標の期間は3カ月にしなさいと言われていますが、そのとおりにしなければならないのでしょうか？

A そんなことはありません。目標の達成のために、必要な時間を設定することが優先されます。

長期目標も短期目標も、「その目標を達成するために必要な時間」を設定することが基本です。したがって、長期は6カ月などの設定をする必要はありません。ただし、事業所内の取り決めや地域（保険者単位）のローカルルールがそうなっているのであれば、（その妥当性は別にして）そのルールに従った方がよいでしょう。

Q14 第1表の総合的援助方針の欄に、家族の連絡先や主治医の連絡先を記載していたら、「個人情報なので記載しないように」と注意されましたが、記載してはいけないのでしょうか？

A 記載してはいけないというルールはありません。むしろ記載することを勧められています。

記載しなければいけない、記載してはならないというどちらのルールも存在しません。老企第29号通知では、「あらかじめ発生する可能性が高い緊急事態が想定されている場合には、対応機関やその連絡先などについて記載することが望ましい」と規定されているだけです。仮に記載するとなれば、事前に家族や主治医などに記載してもよいかの了解を取ってからにした方がよいでしょう。

Q15 週間サービス計画表の「1日の活動」について、できるだけ詳細に記載するように指導を受けましたが、どこまで聞き取り、記載すればよいのでしょうか？

A サービスは、すでに確立している利用者の生活の中に新たに加わるものです。そのため、サービスを入れることで利用者の生活リズムをできるだけ崩さないように配慮する必要があります。

週間サービス計画表の意義は、1日のノーマルな活動、1週間のノーマルな活動を把握し、その生活リズムを変更することなく、必要な支援を組み込むためにどうしたらよいかを考えることにあります。

例えば、介護する側の都合で食事の時間を変更したりという、通常のリズムを変え

るような支援は適切とは言えませんが，そのリズムを把握する程度の情報収集で十分だと言えるでしょう。

Q16 利用者の生活全般の課題（ニーズ）は，原則として最優先されるものを設定するように指導を受けましたが，優先順位はどのように考えればよいのでしょうか？

A 基本は利用者が求める「真のニーズ」が最優先されていきます。

ニーズの優先順位の付け方には，さまざまな理由が考えられます。
・すぐに解決が可能だと見込まれるもの
・利用者が解決を強く求めているもの
・そのニーズの解決が他のニーズ解決や支援に多大な影響を与えるもの
・生命維持のための必須のニーズである場合　など

これらの基準を参考にしながら，利用者と協議をして優先順位を考えていくようにしてください。

Q17「トイレまで1人で歩けるようになる」という目標設定をしたところ，「歩けるようになる」という目標設定は不適切との指導を受けましたが，どう修正すればよいのでしょうか？

A 目標ですから「どのように歩くのか」についても設定する必要があります。

ゴールを共有化する

まず「トイレまで歩いている姿」が，元気な人と同じ歩き方なのか，歩行器を使って歩いている姿なのかなど，具体的に活動している姿を明確にしておかないと「ゴール」が共有できません。

また，トイレまで1人で歩けるようになると，手に入れられるものがあるはずで，それが目的となります。目的を明確にし，そこから目標を設定することが居宅サービス計画作成では重要な視点となります。

修正する時には，目的を明確化し，トイレまで移動している姿を利用者と共有し，それを実現するために必要な計画を作成することになります。

〈ケアプラン自己点検チェックシート〉

チェック項目	アセスメントの基本
☐	1．課題分析標準項目を充たしたアセスメントツールを使用していますか
☐	2．アセスメントの目的は明確になっていますか
☐	3．利用者の居宅でアセスメントを実施しましたか
☐	4．利用者や家族と面接をしてアセスメントを実施しましたか
☐	5．利用者が何を伝えたかったのかを重視した面接を実施しましたか
☐	6．利用者が求めていたことが理解できましたか
☐	7．居宅サービス計画書の変更がある場合，アセスメントの見直しも同時に実施していますか
☐	8．必要に応じて他の専門職も交えてアセスメントを実施していますか
☐	9．必要に応じて「課題整理総括表」なども活用して，アセスメントの精度を高める工夫をしていますか
☐	10．医療系サービスを位置づける場合，主治医の指示を受けて居宅サービス計画原案に位置づけていますか
☐	11．短期入所生活介護および短期入所療養介護を利用する日数が要介護認定の有効期間のおおむね半数を超える必要性について検討し，必要な場合には保険者と協議するなどの対処をしていますか
	アセスメント（情報収集）
☐	1．利用者が満足できる，実現可能なレベルの将来の暮らしの姿を「言葉にして」明らかにできましたか
☐	2．利用者が満足できる将来の暮らしの姿を利用者・家族と共有できましたか
☐	3．利用者が満足できる将来の暮らしの姿は，現在の生活の姿を変える必要があるのか，現在の生活の姿を継続する必要があるのか分かりましたか
	4．利用者が満足できる将来の暮らしの姿が現在の生活の姿を変える場合
☐	①どの活動を・どのように実行している姿なのか，実際に活動している姿でイメージできましたか
☐	②将来の暮らしの姿が利用者や家族と共有できましたか
☐	③阻害因子（支障となっている物・事柄）は何かを明らかにしていますか
☐	④阻害因子について利用者や家族と合意が得られ，共有できましたか
	5．利用者が満足できる将来の暮らしの姿が現在の生活の姿を維持する場合
☐	①どのような活動が，どのように実行されていて，それによって何を得ているから満足できているのかを明らかにすることができましたか
☐	②満足できる理由について，利用者や家族と共有できましたか
☐	③活動が低下してしまう「危険因子」は何かを明らかにしていますか

☐	④危険因子について利用者や家族と合意が得られ，共有できましたか
☐	6．利用者に認知機能の低下があり，判断に一部支障がある場合，言語的・非言語的なコミュニケーションを適宜活用し，可能な限り利用者の意思決定支援を行っていますか
☐	7．利用者に認知機能の低下があり，判断に支障がある場合，当該利用者を最も理解している親族などと利用者に代わって利用者の生活に対する意向を協議し，明からにしていますか（代弁していますか）
☐	8．現在の活動状況を確認する時，「実行状態（日常的に実施している活動=「している活動」）」と，「可能性（一定条件を充たした場合にのみ可能となる活動=「できる活動」）」に区分けをして，状況の把握を行っていますか
	**アセスメントの展開〈情報分析〉**
	1．現在の生活の姿を変える場合
☐	①到達すべき活動に到達するためには，現在のどの活動を，どのように改善していけばよいのか明らかになっていますか
☐	②阻害因子の解消のために必要な複数の方法論を利用者に提示，説明し，協議しましたか
☐	③到達すべき活動に到達するために利用者が何を行い，何を得ようとするか協議し，決定しましたか
	2．現在の生活を維持していく場合
☐	①到達すべき活動に到達するために利用者が何を行い，何を得ようとするかを協議し，決定しましたか
☐	②危険因子の解消のために必要な複数の方法論を利用者に提示，説明し，協議しましたか
	3．変える・維持する両方に共通して
☐	①利用者が自ら取り組む活動に対して，家族はどのように協力をしていくかを協議しましたか
	**居宅サービス計画書（第1表）**
	1．利用者の生活に対する意向
☐	①利用者の満足することができる将来の暮らしの姿=「生活の目的」と，具体的な活動状況=「生活目標」が，記載されていますか
☐	②記載されている内容が，利用者と合意されたものから逸脱していませんか
☐	③目的と目標の整合性が取れていますか
☐	④目標が「実現可能なもの」として設定されていますか
	2．家族の生活に対する意向
☐	①利用者の生活の意向の実現のために，家族がどのような協力をしていくのか記載されていますか

☐	②家族で意向が異なる場合には，個々の意向が記載されていますか
	3．利用者及び家族の生活の意向に関する例外事項
☐	①利用者と家族の生活の意向が一致していない場合，本欄には記載をしないで，具体的な状況や情報を居宅介護支援経過記録に記載していますか
	4．介護認定審査会の意見及びサービスの種類の指定
☐	①介護保険被保険者証の「介護認定審査会の意見及びサービスの種類の指定」を確認し，その記載内容を転記していますか
☐	②この欄にサービスの種類の指定がされていた場合，介護支援専門員は，居宅サービス計画原案を作成するにあたり，意見が付いている場合，その内容と対処について利用者や家族に説明し，合意を得て原案作成しましたか
☐	③この欄に介護認定審査会が「要介護状態の軽減又は悪化の防止のために必要な療養についての意見」が付されている場合，介護支援専門員は，居宅サービス計画原案を作成するにあたり，意見が付いている場合，その内容と対処について利用者や家族に説明し，合意を得て原案作成しましたか
	5．総合的な援助方針
☐	①生活目標の達成に向けて，どのような考え方に基づいて支援を提供していくのかについて，計画全体を要約した内容が記載されていますか
☐	②ここで記載された支援の方向性と，第2表以後で記載されている内容の整合性が取れていますか
	居宅サービス計画書（第2表）
	1．生活全般の解決すべき課題（ニーズ）
☐	①利用者が自ら取り組み，手に入れようとしていることが記載されていますか
☐	②原則として，最優先される課題（ニーズ）が「1つ」設定されていますか
☐	③課題（ニーズ）が複数設定されている時，複数設定されている根拠が説明できますか
	2．長期目標
☐	①利用者が取り組むことで獲得できる活動が設定されていますか
☐	②長期目標として目指す活動は，実現可能なものになっていますか
☐	③長期目標が実現可能なものであるか不安がある時，他の専門職の意見を参考にしましたか
☐	④原則として，長期目標が「1つ」設定されていますか
☐	⑤長期目標が複数設定されている場合，なぜ複数設定が必要になるのかの根拠が設定されていますか
	3．長期目標・期間
☐	①長期目標を達成するために「必要な時間」を期間として設定していますか

	☐	②認定の有効期間の範囲内の期間設定になっていますか
		4．短期目標
	☐	①長期目標の達成に必要な条件として短期目標が設定されていますか
	☐	②設定された活動状況が実現可能なものとして設定されていますか
	☐	③短期目標が実現可能なものであるか不安がある時，他の専門職の意見を参考にしましたか
		5．短期目標・期間
	☐	①設定した短期目標を達成するために「必要な時間」を期間として設定していますか
	☐	②認定の有効期間の範囲内の期間設定になっていますか
		6．サービス内容
	☐	①短期目標の達成に必要な支援が記載されていますか
	☐	②短期目標の達成に必要な支援が，連携と協力体制をとって提供していく仕組みとなっていますか
	☐	③支援の重複，欠落などの，非効果的，非効率的なサービスが計画に位置づけられていますか
	☐	④利用者自身のセルフケアがサービスとして位置づけられていますか
	☐	⑤家族などが提供する支援など，必要となるインフォーマルな支援がサービスとして位置づけられていますか
	☐	⑥介護保険給付外の市町村等の高齢者施策等の支援が，必要に応じて計画に位置づけられていますか
		7．サービス種別
	☐	①短期目標の達成に適材適所なサービスを設定していますか
	☐	②短期目標の達成に適材適所なサービスを優先して設定していますか
		8．事業所
	☐	①適材適所なサービスの中から，複数の事業者を紹介し，利用者や家族が選択をした事業所を設定していますか
	☐	②居宅サービス計画原案に位置づけをした事業所の選択根拠を，適切に説明することができますか
	☐	③利用者や家族が，適切な説明を受けて事業所を選択したことを記録で確認できますか
		9．頻度
	☐	①短期目標は，期間内に実現することが必要となる回数が設定されていますか

☐	②1つの目標達成のために，同一種別の複数の事業所が，同一のサービス内容で支援を提供していく場合，それぞれの支援の合計回数が，目標達成のために必要である根拠を説明できますか
	10．期間
☐	①短期目標の達成に必要な期間内において，サービス提供するために必要な始点となる日付と，終点となる日付（具体的な年月日）が記載されていますか

週間サービス計画表（第3表）

☐	1．利用者の1週間，1日24時間のタイムスケジュールが記載されていますか
☐	2．週単位で提供されない支援（例えば福祉用具貸与，通院など）も，「週単位以外のサービス」欄に記載されていますか

サービス担当者会議の要点（第4表）

☐	1．出席者の役職名，氏名，会議の次第，検討内容，結論が記載されていますか
☐	2．居宅サービス計画原案に福祉用具貸与が位置づけられている場合，サービス担当者会議の議題として利用の妥当性を検討し，当該計画に福祉用具貸与が必要な理由をサービス担当者会議の要点に記載していますか
☐	3．継続して福祉用具貸与を位置づけられている場合，その必要性についてサービス担当者会議の議題として検証をし，継続して福祉用具貸与を受ける必要がある場合には，その理由をサービス担当者会議記録に記載していますか
☐	4．居宅サービス計画原案に特定福祉用具販売を位置づけた場合，その利用の妥当性の検討をサービス担当者会議の議題として検討し，その必要性をサービス担当者会議記録に記載していますか
☐	5．サービス担当者会議を欠席した担当者に照会した意見を加えた協議結果が，サービス担当者会議の要点に記載されていますか

居宅介護支援経過記録（第5表）

☐	1．介護支援経過記録は，時系列に沿って記載されていますか
☐	2．指定居宅サービス事業者等との連絡調整その他の便宜の提供の内容や，その結果を記録していますか
☐	3．月に1回利用者の居宅を訪問したこと，利用者に面接をしたことが記録されていますか

その他居宅サービス計画書の記載に関すること

☐	1．暫定的に居宅サービス計画原案を作成する場合，計画書が暫定的な計画であることが明確になっていますか
☐	2．暫定的な居宅サービス計画書である場合，認定結果，認定有効期間は空白となっていますか

参考文献

1）F.P.バイステック著，尾崎新，福田俊子，原田和幸訳：ケースワークの原則，誠信書房，2010.
2）木村広之：図解で学ぶ居宅ケアマネルールと実務，日総研出版，2018.
3）成澤正則：居宅サービス計画書 作成と手続きのルール 第4版，日総研出版，2016.
4）吉田光子：ケアマネジャースキルアップ読本『なぜ』がしごとを変えていく，中央法規出版，2013.
5）吉田光子：マンガでわかるケアマネジャーのためのアセスメント入門，中央法規出版，2018.
6）厚生労働省編：介護保険 ケアプラン点検支援マニュアル 活用の手引き，中央法規出版，2008.
7）ケアプラン点検支援マニュアル附属資料 ケアプラン点検の基礎知識，三菱総合研究所ヘルスケア・ウェルネス事業本部，2017.
8）遠藤英俊監修，前沢政次編集代表，2訂／介護支援専門員研修テキスト編集委員会編：2訂／介護支援専門員研修テキスト 介護支援専門員 専門研修課程Ⅰ，一般社団法人日本介護支援専門員協会，2018.
9）成澤正則：法令通知対応Q＆A 居宅ケアマネ超実務的現場ルールブック 第5版，日総研出版，2019.

著者略歴

中村雅彦 主任介護支援専門員
JA長野厚生連 北アルプス医療センター
あづみ病院居宅介護支援事業所

特別養護老人ホームでの生活相談員を経て,現職。前特定非営利活動法人長野県介護支援専門員協会会長,前一般社団法人日本介護専門員協会長野支部支部長,長野県主任介護支援専門員研修,長野県介護支援専門員専門研修Ⅰ・Ⅱ講師,介護予防ケアマネジメント指導者など,介護支援専門員に関する研修指導や,訪問介護・通所介護などの研修活動にも従事している。

ケアプラン点検お助けガイド 適切な書き方・見直し方

2019年10月27日 発行　第1版第1刷

著者：中村雅彦（なかむらまさひこ）©

企　画：日総研グループ
代　表　岸田良平
発行所：日総研出版

本部　〒451-0051 名古屋市西区則武新町3-7-15(日総研ビル)　☎(052)569-5628　FAX (052)561-1218

日総研お客様センター　電話 0120-057671　FAX 0120-052690
名古屋市中村区則武本通1-38 日総研グループ緑ビル 〒453-0017

札幌	☎(011)272-1821　FAX (011)272-1822　〒060-0001 札幌市中央区北1条西3-2(井門札幌ビル)	広島	☎(082)227-5668　FAX (082)227-1691　〒730-0013 広島市中区八丁堀1-23-215
仙台	☎(022)261-7660　FAX (022)261-7661　〒984-0816 仙台市若林区河原町1-5-15-1502	福岡	☎(092)414-9311　FAX (092)414-9313　〒812-0011 福岡市博多区博多駅前2-20-15(第7岡部ビル)
東京	☎(03)5281-3721　FAX (03)5281-3675　〒101-0062 東京都千代田区神田駿河台2-1-47(廣瀬お茶の水ビル)	編集	☎(052)569-5665　FAX (052)569-5686　〒451-0051 名古屋市西区則武新町3-7-15(日総研ビル)
名古屋	☎(052)569-5628　FAX (052)561-1218　〒451-0051 名古屋市西区則武新町3-7-15(日総研ビル)	商品センター	☎(052)443-7368　FAX (052)443-7621　〒490-1112 愛知県あま市上萱津大門100
大阪	☎(06)6262-3215　FAX (06)6262-3218　〒541-8580 大阪市中央区安土町3-3-9(田村駒ビル)		この本に関するご意見は,ホームページまたはEメールでお寄せください。E-mail cs@nissoken.com

・乱丁・落丁はお取り替えいたします。本書の無断複写複製（コピー）やデータベース化は著作権・出版権の侵害となります。
・この本に関する訂正等はホームページをご覧ください。www.nissoken.com/sgh

研修会・出版の最新情報は
www.nissoken.com

日総研